本书受到国家社科基金青年项目（18CTJ003）
山西省高等学校人文社会科学重点研究基地项目（20200119）
山西省回国留学人员科研资助项目（2021-103）的资助

# 中国数字经济发展及其经济效应研究

赵佳丽　著

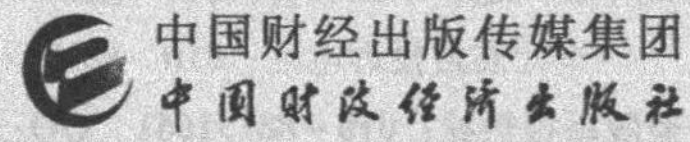

**图书在版编目（CIP）数据**

中国数字经济发展及其经济效应研究 / 赵佳丽著．
--北京：中国财政经济出版社，2022.11

ISBN 978-7-5223-1724-3

Ⅰ．①中… Ⅱ．①赵… Ⅲ．①信息经济-经济发展-研究-中国 Ⅳ．①F492.3

中国版本图书馆 CIP 数据核字（2022）第 196900 号

责任编辑：王　芳　　　　责任校对：胡永立
封面设计：思梵星尚　　　责任印制：党　辉

**中国数字经济发展及其经济效应研究**
**ZHONGGUO SHUZI JINGJI FAZHAN JIQI JINGJI XIAOYING YANJIU**

中国财政经济出版社 出版

**URL**：http：//www. cfeph. cn
E-mail：cfeph@ cfeph. cn

社址：北京市海淀区阜成路甲 28 号　邮政编码：100142
营销中心电话：010-88191522
天猫网店：中国财政经济出版社旗舰店
网址：https：//zgczjjcbs. tmall. com
北京财经印刷厂印刷　各地新华书店经销
成品尺寸：170mm×240mm　16 开　13.75 印张　200 000 字
2022 年 11 月第 1 版　2022 年 11 月北京第 1 次印刷
定价：66.00 元
ISBN 978-7-5223-1724-3
（图书出现印装问题，本社负责调换，电话：010-88190548）
本社质量投诉电话：010-88190744
**打击盗版举报热线：010-88191661　QQ：2242791300**

# 前　言

21 世纪以来，全球科技创新进入密集活跃的时期，新一轮科技革命引领人类社会进入数字经济时代，引发了经济和社会的深刻变革。随着世界各国各个领域的数字化水平日益提升，数字经济蓬勃发展，在整个国民经济发展中的地位不断上升，日益成为引领世界经济发展的重要引擎和推动力。与此同时，当前中国经济发展的内部和外部环境发生了很大变化。从内部环境来看，近年来中国经济发展处于转型关键期，经济增速放缓，转向高质量发展，创新成为引领经济发展的新动力；从外部环境来看，受新冠肺炎疫情影响，全球经济复苏缓慢，逆全球化、单边主义、贸易保护主义等有所抬头，以美国为首的西方发达国家试图在科学技术和经济领域对中国进行遏制，阻滞中国的发展步伐。内外部发展环境的变化为中国经济发展带来了冲击和挑战，为中国经济增长的动力提出了更高要求。

在中国经济发展面临复杂严峻的国内外形势的背景下，中国数字经济发展取得了良好成效。据 2022 年 7 月中国信息通信研究院发布的《中国数字经济发展白皮书（2022）》显示，2021 年我国数字经济规模高达 45.5 万亿元，同比名义增长 16.2%，占 GDP 比重达 39.8%，2012 年以来，年均增速为 15.9%，显著高于同期 GDP 增速，数字经济显然已经成为我国经济发展的核心力量和关键动力。如何充分利用数字经济发展的蓬勃势头，深化改革，推动经济稳定增长，促进产业结构优化升级，增进经济发展效率，支持和推动我国经济向高质量发展迈进，实现经济社会的持续稳定发展，成为当前我国政府和全社会关注的焦点。因此，对我国数字经济发展水平进行全面分析和综合评价，并从经济发展规模、结构和效率多角度分析和认识数字经济发展的经济效应，具有十分重要的理论和现实意义。

本书共分为7章，主要内容如下：第1章是导论。本章围绕数字经济对我国经济发展的影响阐述了本书的研究背景及理论和现实意义，梳理和述评了国内外学者关于数字经济发展及数字经济的经济效应领域的研究现状，概述了本书的研究内容、研究思路及研究方法，并指出本书可能存在的创新和不足。第2章是数字经济概述及相关理论基础。本章首先概述了数字经济的起源与发展、中国数字经济的发展历程、数字经济的概念与内涵以及数字经济的特征，然后从经济增长理论、产业结构理论、经济发展效率理论及空间经济理论4个方面对经济发展的重要基础理论进行阐述，为后续的理论与实证研究奠定坚实的理论基础。第3章是中国数字经济发展概况及综合测度。本章从数字经济的相关概念、内涵和范围出发，对我国数字基础设施、数字产业化和产业数字化情况进行描述性统计分析，介绍近十年来中国数字经济发展概况，在此基础上，构建数字经济发展水平综合评价指标体系，利用熵权法对中国30个省（市、自治区）2011—2020年数字经济发展水平进行了测度和总体评价，并从数字经济发展水平的阶段性、区域异质性两个视角，从全国、经济区域和省级行政区3个层面进行了详细分析，通过全局莫兰指数和局部莫兰散点图验证了数字经济发展指数的空间相关性。第4章是数字经济对我国区域经济增长的影响研究。本章在梳理数字经济影响区域经济增长的相关研究基础上，论述了数字经济对区域经济增长的理论影响机理，并提出研究假说，在此基础上利用2011—2020年我国30个省（市、自治区）的面板数据，通过构建空间计量模型对数字经济影响区域经济增长的空间效应、产业异质性和区域异质性展开实证分析。第5章是数字经济对我国产业结构优化升级的影响研究。本章首先梳理和总结了数字经济影响产业结构优化升级的研究现状，论述了数字经济对产业结构优化升级的理论影响机理；其次，对我国产业结构发展现状进行了全面的描述性统计分析，并从产业结构合理化和产业结构高级化两个方面对我国产业结构优化升级水平进行了测度及时空演变特征分析；最后，利用我国2011—2020年30个省（市、自治区）的面板数据，建立数字经济对产业结构合理化和高级化影响的空间计量模型，实证分析和检验了数字经济对我国产业结构优化升级的影响效应。第6章是数字经济对绿色全要素生产率的影响研究。本章基于我国经济社会发展全面推进绿色转型的时代背景，从绿色全要素生产率的视角研究数字经济对经济发展效率的影响。首先阐述了绿色全要素生产率的内涵，梳理和总结了绿色全要素生产率的研究现状，阐明了数字经济对绿色全要素生产率的理论影响机制；然后利用DEA模型对中国30个省（市、自治区）的绿色全要素生产率进行了测算和分析；最后基于2011—2020年中国30个省（市、自治区）的面板数据，运用空间计量模型，实证分析和检验了数字经济对绿色全要素生产率的影响及区域异质性。第7章是研究结论与政策建议。本章对全书研究内容和结论进行总结，并根据研究结论有针对性地提出促进中国数字经济发展水平和发展质量提升，实现经济高质量发展的相关政策建议。

本书的主要研究结论有：

(1) 从数字经济的发展现状来看，我国数字经济在发展水平、发展速度和发展差异上发生了重大变化。首先，我国数字经济存在明显的空间相关性。其次，数字经济发展水平明显提高，发展势头迅猛。再次，数字经济发展基础成为提升数字经济发展水平的关键，产业数字化发展成为难点。最后，数字经济发展水平差距拉大，数字经济发展的区域异质性明显。

(2) 从数字经济对经济增长的影响来看，我国数字经济对区域经济增长存在正向的促进作用，同时存在正向的空间溢出效应，其对不同产业经济规模的增长促进作用不同，对第一、第二产业发展尚未表现出促进作用，对第三产业发展具有显著的正向促进作用，同时，对于不同区域经济增长的促进效果不同，对于较发达地区数字经济对经济增长的促进作用较弱，而对于欠发达地区数字经济对经济增长的促进作用较强。

（3）从数字经济对产业结构发展的影响来看，我国产业结构正经历着重大变革，数字经济从产业结构合理化和产业结构高级化两个层面赋能产业结构升级发展。首先，我国产业结构逐渐向合理化和高级化方向发展，但表现出地区之间不平衡、不协调、由东向西递减的空间特征，东部地区发展优于中、西部地区，且之间的差距较大。其次，我国的产业结构合理化和高级化的空间相关性正向显著，即邻近的产业结构发展对本地区的产业结构发展具有显著的促进作用。另外，产业结构合理化的空间相关性逐渐减小，而产业结构高级化的空间相关性逐渐递增。再次，我国数字经济发展对产业结构合理化水平具有显著的促进作用，并对产业结构高级化具有空间溢出效应，但数字经济对产业结构合理化的空间溢出效应不显著。最后，东部与中部地区数字经济发展对产业结构高级化发展起不到促进作用，西部地区数字经济发展对产业结构高级化发展的促进作用不显著，而东北部数字经济发展能够较为明显地推动产业结构高级化发展。

（4）从数字经济对绿色全要素生产率的影响来看，数字经济是推动经济绿色发展的重要驱动力。首先，绿色全要素生产率的测度结果显示，东部沿海地区的绿色全要素生产率相对较高，而中西部地区作为产业转移带的绿色全要素生产率较低。其次，空间计量模型的实证结果表明数字经济能够促进绿色全要素生产率的提升，同时还存在空间溢出性，数字经济能促进本地区和邻近地区绿色全要素生产率的进步。最后，不同区域的数字经济对绿色全要素生产率的影响程度不同，对东部地区的影响最大，中部地区次之，紧接着是东北部地区，对西部地区的影响最小。

本书的创新之处体现在以下几方面。一是在数字经济发展水平的测度方面，在现有研究的基础上，结合最新的数字经济相关政策，考虑数据的可得性，构建了包括数字经济发展基础、数字产业化发展和产业数字化发展3个一级指标、7个二级指标和20个三级指标的数字经济发展水平评价指标体系，从多层面展开分析，科学且全面地探究我国数字经济发展特征。二是在数字经济对经济发展影响效应研究视角的选择上，以相关经济理论为基础，从区域经济增长、产业结构优化升级、经济发展效率3个维度展开理论机制分析和实证研究，用产业结构合理化和产业结构高级化衡量产业结构优化升级水平，选择绿色全要素生产率衡量经济发展效率，更加切合我国推进经济绿色发展的现实背景，从而更为科学和全面地衡量我国数字经济发展的经济效应。三是在数字经济对经济发展影响效应的实证研究方面，充分分析和考虑了我国数字经济发展、区域经济增长、产业结构优化升级、绿色全要素生产率水平在省际和区域间的不平衡性，为了更加全面清晰地反映数字经济对经济发展的影响，本书从整体影响效应、区域影响差异和空间效应等多方面进行了系统分析。

在本书的撰写过程中，参阅了大量国内外相关文献资料，虽然尽可能详细列出参考文献，但难免有疏漏，在此谨对所有涉及文献的学者表示诚挚的谢意。山西财经大学统计学院李宝瑜教授、米子川教授对本书的撰写给予了悉心指导和大力支持，课题团队成员硕士研究生畅梦帆、段金池、王淑婷、许李娜、米玉蓉、郭汉良、薛璇等同学做了大量的文献和数据的搜集与整理工作，参与了本书部分章节的写作，为本书的完成做出了重要贡献，在此一并表示感谢。

由于水平有限，书中难免有疏漏和不足之处，恳请读者批评指正。

赵佳丽
2022年8月

# 目　录

# 第 1 章

# 导　论

# 1.1 研究背景和意义

## 1.1.1 研究背景

21 世纪以来，全球科技创新进入密集活跃的时期，新一轮科技革命引领人类社会进入数字经济时代，引发了经济和社会的深刻变革，世界各国的数字化水平不断增强，数字经济在国民经济发展中的地位不断上升，日益成为引领全球经济发展的重要引擎，并将成为驱动世界经济复苏和增长的新动能，亦是新经济背景下一个国家综合国力的重要体现。新时代背景下，我国高度重视数字经济的发展，2017 年党的十九大将建设“数字中国”上升为国家重大发展战略，全面提速我国经济社会各领域的数字化转型，数字经济发展规模不断扩大。2022 年，《国务院关于印发“十四五”数字经济发展规划的通知》（国发〔2021〕29 号），明确了“十四五”时期推动我国数字经济健康发展的指导思想、基本原则、发展目标、重点任务和保障措施，为未来数字经济发展方向提供了指引。据中国信息通信研究院数据显示，我国数字经济规模由 2005 年的 2.6 万亿元增长到 2021 年的 45.5 万亿元，数字经济占 GDP 比重从 14.2% 提升到 39.8%，尽管受新冠肺炎疫情影响，各国经济发展遭受严重打击，我国数字经济规模 2021 年相较于 2020 年增加 6.3 亿元，同比名义增长 16.2%，占 GDP 比重增长 1.2%，我国数字经济持续呈现出蓬勃发展的态势，在我国经济发展中已逐渐占据了重要地位，并成为经济增长的主要驱动力。

与此同时，自改革开放以来，我国实现了经济快速发展奇迹和社会长期稳定奇迹，经济发展中的总量矛盾已基本解决，但随着经济总量的快速增长，经济发展过程中也逐渐暴露出各种问题。党的十九大报告中提到，我们必须清醒认识到，我国仍处于并将长期处于社会主义初级阶段，仍是世界最大发展中国家，发展不平衡不充分的一些突出问题尚未解决。这种不平衡不充分的发展表现在经济发展的各个领域，成为阻碍人民实现美好生活的重要因素。因此，在新时代背景下，我国经济在由高速增长阶段转向高质量发展阶段，这亟须加快转变发展方式，优化经济结构，转换增长动力，推动经济发展质量变革、效率变革、动力变革，从而实现经济社会健康、持续、高质量发展。

数字经济作为一种新的经济形态，是当前我国经济发展中最活跃的领域。随着大数据、人工智能、云计算等新一代信息技术的发展，数字知识和技术为社会经济的发展注入新的活力，成为我国经济发展的重要引擎。数字经济与社会经济各领域的融合深度与广度不断延伸，在新一轮产业竞争和科技进步中发挥着重要作用，对经济发展的影响日益彰显。数字经济所引发的技术创新与进步的高渗透性，不断改变生产要素比例与种类，逐渐替换传统落后生产要素，重构分工协作体系，提高生产力，已经成为推动经济发展、质量提升、效率变革、动力升级的重要驱动力。

### 1.1.2 研究意义

本书在相关文献和理论分析的基础上，全面分析我国数字经济发展概况，综合评价数字经济发展水平，探究数字经济对经济发展的影响机理和路径，深入分析和总结数字经济发展对我国经济增长、产业结构优化和提升经济发展效率的重要影响，对促进我国数字经济发展水平和发展质量，实现经济高质量发展具有重要的理论和现实意义。

#### 1.1.2.1 理论意义

第一，通过阐释数字经济的科学内涵和经济发展的相关理论，了解数字经济的发展历程，从经济发展规模、产业结构以及经济发展效率三个视角探究数字经济对经济发展影响的理论机理，丰富和充实了数字经济研究理论。

第二，目前国内外尚没有一致认可和适用的数字经济发展水平综合评价指标体系，本书在现有研究的基础上，充分结合数字经济内涵和我国数字经济发展实际，从数字经济发展基础、数字产业化发展和产业数字化发展三个维度构建了数字经济综合评价指标体系，为数字经济发展水平指标体系构建提供借鉴。

第三，从经济发展的区域异质性和空间关联性探究数字经济对经济增长、产业结构以及经济发展效率的影响，特别基于我国经济社会发展全面推进绿色转型的时代背景，经济发展效率选择从绿色全要素生产率的视角进行测度分析，拓展了数字经济对经济发展影响的相关理论研究。

#### 1.1.2.2 现实意义

第一，全面分析我国数字经济发展概况，构建数字经济发展水平综合评价指标体系，测算我国数字经济整体发展水平以及各地区发展水平，分析数字经济发展中的不足和地区差异，探究我国数字经济发展的时空演化特征，这为及时调整区域数字经济发展战略、制定合理的数字经济发展规划、抢抓数字产业发展制高点提供数据支撑，对推动数字经济高质量发展、培育经济发展新动能具有重要的现实意义。

第二，新时代背景下，我国经济已由高速增长阶段转向高质量发展阶段，数字经济在我国经济发展中占据重要地位，是推动我国实现经济高质量发展的新引擎。本书从经济增长、产业结构、绿色经济发展效率多角度全面探析和实证检验我国数字经济对经济发展在时间、区域和空间上的影响作用，探寻转变经济发展方式、优化经济结构、转换经济增长动力之路，为我国经济高质量发展建言献策。

## 1.2 国内外文献综述

### 1.2.1 关于数字经济的相关研究

随着互联网、大数据、云计算等新一代信息技术的快速发展，催生了数字经济，开启了数字时代。当前数字经济蓬勃发展，已经成为新时代无论全球还是中国经济发展的重要驱动力，数字经济的发展得到学术界的广泛关注。目前国内外学者对数字经济的相关研究集中在数字经济的概念、数字产业分类、数字经济测度、数字经济发展的影响因素、经济社会影响及发展中存在的问题等方面。

对于“数字经济”的概念，国内外对其一直没有统一的界定。被誉为“数字经济之父”的美国学者 Don Tapscott 最早对数字经济进行了界定。经济合作与发展组织（OECD）认为数字经济概念经过了信息经济、互联网经济、数字经济三个阶段的演进。2018 年，美国经济分析局（BEA）从互联网及信息与通信技术角度对数字经济进行了界定。《G20 数字经济发展与合作倡议》、中国信息通信研究院以及中国《“十四五”数字经济发展规划》均认为数字经济是通过数字化投入，以信息通信技术应用为重要推动力的一种经济形态。李长江（2017）辨析了数字经济与其他相关概念的关系，提出数字经济的本质是以数字技术方式进行生产，并阐述了数字经济的构成与发展阶段。裴长洪等（2018）、左鹏飞等（2021）、焦帅涛等（2021）认为数字经济是一种依赖于数字技术创新的新经济形态。

在概念界定的基础上，为便于对数字经济进行测度，国内外学者对数字经济的分类进行了研究。1981 年，OECD 对信息产业展开研究，将信息产业划分为信息生产、加工、传播和基础行业，并于 2007 年，正式将信息制造业、信息服务业和信息内容产业全部纳入信息产业。2003 年，我国颁布《统计上划分信息相关产业暂行规定》，划分计算机服务和软件业、电子信息设备制造等五大行业为信息产业。2015 年起，中国信息通信研究院开始发布中国数字经济相关报告，将数字产业分为电信业、电子信息制造业、互联网行业、软件和信息技术服务业等行业。2021 年，以《国民经济行业分类》为基础，我国下发了《数字经济及其核心产业统计分类（2021）》，将数字经济产业范围分为数字产品制造业、数字产品服务业、数字技术应用业、数字要素驱动业和数字化效率提升业 5 个大类，使数字经济范围更加明确，极大地方便了数字经济的核算。

国内外对数字经济的测度主要从两个方面进行。一是对数字经济的规模进行测度，一般通过数字产业部门的增加值以及总产出等指标进行统计与测度。BEA（2018）利用投入产出表对美国数字经济增加值和总产出等指标进行了测算。澳大利亚统计局（2019）借鉴 BEA 的测算方法，测度和比较分析了澳大利亚数字经济规模发展趋势及其经济贡献。在国内，中国信息化百人会（2016）、腾讯研究院（2017）以及中国信息通信研究院（2017）对中国的数字经济增加值进行了测算，并对其在 GDP 中的占比进行了分析。杨仲山等（2019）系统研究了中国数字经济卫星账户的编制问题，编制了数字经济静态总量指标与数字经济直接贡献指标对数字经济规模进行测度。向书坚等（2019）在 OECD、BEA 的研究基础上，构建了中国数字经济卫星账户框架，测算了 2012—2017 年中国数字经济产业部门的增加值和 GDP 占比。许宪春等（2020）测度并比较分析了 2007—2017 年中国以及美国和澳大利亚的数字经济规模，并指出数字经济卫星账户是测度数字经济规模较为可行的方法。二是通过构建数字经济综合评价指标体系对数字经济的发展水平进行测度。OECD（2014）编制了数字经济和社会指数（DESI），用其反映 OECD 各国数字经济发展程度；OECD（2017）又构建了包含数字经济关键领域的统计指标体系。美国商务部（2016）提出要从各经济部门的数字化程度、数字化对经济活动的影响、数字化对生产率和 GDP 等指标的影响、数字活动新兴领域等四个方面来衡量数字经济。在国内，腾讯联合京东等机构（2015）发布了中国“互联网 +”指数，中国信息通信研究院、赛迪顾问、财新智库等机构（2017）分别发布了中国数字经济指数 DEI、DEDI 和 CDEI，上海社科院（2017）发布了全球数字经济竞争力指数。除此之外，刘军等（2020）、吴晓怡和张雅静（2020）、王军（2021）对中国及各省份的数字经济发展水平进行了测度。

对于数字经济发展的影响因素，张雪玲和陈芳（2018）指出数字基础设施建设、信息技术进步等因素与数字经济发展呈正相关关系。焦帅涛和孙秋碧（2021）提出数字经济的发展依赖于“四个需要”，即：需要数字化基础的发展和完善，需要数字化应用的扩大和加深，需要数字化创新的加大和助力，需要数字化产业的变革和崛起，同时数字经济的发展还需要政府给予相关的支持。王彬燕等（2018）认为，政府在科学技术方面的投入对数字经济的发展起到至关重要的作用。钱海燕和江煜（2020）认为财政投入是促进数字经济发展的一大重要因素。余海华（2021）、蔡绍洪等（2022）认为产业结构、城镇化率等因素对数字经济发展起到推动作用。

从数字经济对经济社会发展带来的影响相关研究来看，数字经济的发展从多方面给经济社会发展注入了新活力。宋洋（2019）、张英浩等（2022）分析了数字经济对经济高质量的作用机理；赵涛等（2020）、汤旖璆（2021）认为数字经济能够促进城市高质量发展。杨慧梅和江璐（2021）、张焱（2021）实证检验了数字经济发展对全要素生产率的正向影响。从促进实体经济发展角度，赵西三（2017）、焦勇（2020）认为数字经济发展对驱动制造业转型升级具有积极作用。陈小辉等（2020）、韩健和李江宇（2022）探究了数字经济对产业结构的影响。此外，王宝顺等（2019）、戚聿东（2020）研究发现数字经济还对税收、就业等方面产生影响。

数字经济发展进程中也存在诸多问题，制约着数字经济的进一步发展。杜雪锋（2020）总结了中国数字经济发展面临的问题包括：数字经济对经济增长驱动力和发展平衡性问题、数字经济基础创新的能力问题、数字治理与数字经济同步发展问题、数据作为生产要素的流通机制和价值体系问题。龚晓莺和杨柔（2021）认为，数字生产力与数字生产关系的不协调发展是当前制约我国数字经济发展的根源，数字生产关系、数字交换关系、数字分配关系和数字消费关系中存在的突出矛盾阻碍了我国数字经济进一步发展。黄浩（2021）认为，我国数字经济发展对劳动力教育水平的需求与目前劳动力教育实际水平不匹配。

### 1.2.2 关于数字经济影响经济发展的理论研究

在经济高质量发展背景下，关于数字经济对经济发展的影响研究是学术界关注的热点话题。现有研究对于数字经济影响经济发展的理论研究主要从微观、中观和宏观三个层面展开。

基于微观层面，数字经济通过数据要素与劳动者、劳动资料和劳动对象等要素的结合，实现利润最大化，推动经济发展。杨新铭（2017）认为，数字经济融合了规模经济与范围经济，并充分发挥范围经济的作用，从而赋能传统的盈利模式。裴长洪等（2018）从数字经济的微观主体出发分析了互联网平台企业所产生的价值。荆文君等（2019）认为，在互联网和信息技术的作用下催发的规模经济效应、范围经济效应和长尾经济效应，有利于满足消费者的多样化消费需求，高效匹配供需，实现消费品供求的动态、多元、复杂均衡，这一结论拓展了消费者行为理论。韩晶等（2020）认为，数字经济“高渗透性”的特征可以促进各类要素以数据的形式流动，从而有效地克服信息不充分、不对称等市场失灵现象，降低市场匹配成本，实现利润最大化。陈晓红等（2022）认为，数字经济对微观经济理论发展的影响不仅体现在消费者行为理论的创新，还包括厂商理论的拓展，数字经济背景下企业不仅产品迭代迅速，而且可以扩大生产规模，降低长期平均成本，实现规模报酬递增。

基于中观层面，数字经济通过优化产业结构推动经济高质量发展。赵西三（2017）认为，制造业是数字经济的主战场，数字经济为制造业提供技术和平台支持，推动互联网与制造业的融合发展，实现产业结构转型升级。张于喆（2018）认为，数字经济推动了经济发展新旧动能的转换，开拓了产业发展的新内涵、新空间、新领域，驱动产业向中高端转型升级。李晓华（2018）认为，在数字经济背景下，互联网、物联网、大数据、云计算等新技术会对产业发展产生颠覆性的影响，既有因新产业的诞生而导致的产业结构的改变，也有新技术与传统产业融合而产生的产业内部的颠覆性变革。祝合良和王春娟（2020）指出数字经济以创新为驱动力，增加了传统产业的价值空间，促进了传统产业的转型升级。丁志帆（2020）认为，中观层面的数字经济赋能经济发展不仅能推动数字技术的产业化发展，而且还有助于促进传统产业的数字化、网络化和智能化转型，以及通过产业融合形成新模式、新产业、新业态。陈小辉等（2020）提出虽然数字经济对我国的产业结构水平有着边际递增的提升作用，但是存在的区域异质性也需要引起关注。郑嘉琳和徐文华（2020）认为，由于区域异质性，应当对传统产业进行数字化升级改造，优化产业结构，加快城市化发展。王金秋和赵敏（2021）认为，数字经济可以通过产业创新效应、产业关联效应和产业融合效应实现产业结构调整和转型升级。

基于宏观角度，数字经济通过促进投入和产出效率两个方面对经济发展产生影响。胡贝贝和王胜光（2017）认为，互联网革命引发了新一轮的生产技术革命，数据成为新的关键生产要素。王娟（2019）认为，通过传统要素与以数据为核心的新兴生产要素的有效融合，实现要素有效精准匹配，从而优化资源配置，提高全要素生产率，促进经济高质量发展。丁志帆（2020）认为，在宏观层面数字经济不仅可以通过投入要素的增加、配置效率的提升和资本神话效应促进经济增长，而且还可以通过技术创新和扩散效应推动全要素生产率提高，从而促进经济高质量发展。Calic 和 Hasemaghaei（2022）认为，信息和劳动要素的结合对提升生产质量和效率有很大促进作用。陈晓红等（2022）表明数据作为新的经济增长要素被纳入生产函数，重构了生产要素体系，提高了原有生产要素的边际报酬增长速率，进而促进了传统社会经济的发展。

### 1.2.3 关于数字经济影响经济发展的实证研究

随着互联网的普及与信息技术的快速发展，数字经济发展已成为大势所趋，学术界紧跟发展趋势，关于数字经济对经济发展影响效应的实证研究有很大的进展。目前，国内外相关实证研究主要分析数字经济从区域经济增长、全要素生产率、区域经济发展差距、就业、产业结构等角度展开，部分研究从数字经济中的互联网、信息技术发展或数字普惠金融等视角展开。由于研究角度的多样性以及数字经济发展所涵盖的内容日渐拓展，数字经济影响区域经济发展的实证研究也更为丰富。

国内外大多数研究成果一致认为，数字经济能够显著促进经济发展。徐升华和毛小兵（2004）基于动态生产函数建立模型，实证分析信息技术对经济增长的作用，研究表明信息要素对经济增长具有较强影响。Thompson 和 Garbacz（2007）建立随机前沿模型，实证结果表明通信网络水平的发展能够促进当地生产效率的提高。Jorgenson 等（2008）分析了美国

1959—2005 年间信息技术对劳动生产率的影响，研究发现信息技术对美国 20 世纪 90 年代中期劳动生产率的增长发挥了重要作用。Nina Czernich 等（2011）利用 1996—2007 年经合组织国家的面板数据，实证分析了互联网的宽带基础设施对经济增长的影响。Jiménez 等（2014）将互联网发展水平纳入柯布－道格拉斯生产函数，实证研究发现互联网接入对经济增长具有显著影响。Ahn（2020）论证了数字经济与实体经济的持续融合对产业结构优化和经济转型发展具有重要的推动作用。国内学者王开科等（2020）运用包含数字经济的五部门投入产出模型，基于投入产出的数据，以数字经济效率系数为判断标准，实证检验了数字经济效率的上升显著提升了社会生产率。赵涛等（2020）基于 2011—2016 年中国 222 个城市数据，通过门槛模型、中介模型和空间计量模型研究表明数字经济可以通过提升创业活跃度从而促进经济高质量发展，且数字经济的积极影响存在“边际效应”递增和空间溢出的特点。杨慧梅和江路（2021）基于 2004—2017 年我国省际面板数据，运用空间计量模型，研究发现数字经济发展不仅会提升本地区的全要素生产率，而且还有助于邻近地区全要素生产率的提升，具有显著的空间效应。张腾等（2021）利用 2011—2017 年中国 30 个省份的面板数据，建立空间计量模型，研究发现数字经济对我国经济高质量发展具有明显的促进效应。张少华和陈治（2021）对 2010—2019 年中国 30 个省份的数字经济水平进行了测度，并构建基准回归模型和面板门限模型，实证分析数字经济对区域经济增长的影响效应，研究结果肯定了其正向影响和异质性。杨文溥（2021）在提出数字经济促进区域经济增长的假设后，构建面板门限模型展开实证检验，着重探讨了不同经济发展下数字经济的后发优势和劣势，分较发达地区和欠发达地区给出利用优势和应对劣势的发展建议。李芳芝和吴叶静婷（2021）通过构建数字经济发展水平指标体系对中国 30 个省份的数字经济发展水平进行了测度，从直接和间接两个角度出发构建空间杜宾模型，结果显示各省份数字经济发展与经济发展都存在空间聚集效应，数字经济对 GDP 表现出明显正向的外部促进效应，且具有空间溢出效应。巫瑞等（2022）在前人研究的基础上提出科技创新、产业结构升级与数字经济呈正向影响的假设，随后建立计量模型验证了数字经济对经济发展质量的正向影响，并根据东、中、西部的影响差异提出相关建议。

部分学者认为数字经济具有普惠性，既可与多种产业融合发展，也能惠及各阶层民众，在缩减区域经济差距上呈现出正向影响。如 Herbert 和 Garbacz（2011）认为相较于高收入区域，信息化推动低收入区域经济发展的作用更强，从而能够促进其与高收入区域间经济差距的缩小。李雅楠（2017）对 CHNS 数据进行了 FFL 分解，认为互联网的普及通过提高中等收入阶层的人均工资水平，缩减了不同人群间的收入差距。段博（2020）则分析了中国 284 个地级市的数据，得到数字经济以聚集经济作为中介促进了地区经济差距的缩减。钟文和郑明贵（2021）构建了数字经济水平指标体系，为研究其溢出效应使用空间计量模型进行测算，最终得到数字经济在区域内交互作用明显的结果，并认为助推产业结构升级是数字经济释放区域协调发展红利的重要路径。陈修颖和苗振龙（2021）指出数字经济发展对地区收入增长具有积极的促进作用，同时数字经济与地区收入水平间具有显著的正向相关性，数字经济发展水平高的地区收入水平也相对较高。周超和黄乐（2021）选取 2011—2020 年全国 31 省域样本数据建立回归模型，验证了数字普惠金融对区域经济高质量发展的正向影响和异质性影响。刘儒等（2022）通过有调节的中介效应分析方法对数字经济与共同富裕之间的作用机理进行了实证检验，认为数字经济对缩减地区差距存在着正向的直接效应和中介效应。任晓刚等（2022）从要素市场分配的角度出发，使用系统 GMM 估计方法对数字经济发展对区域经济差距变化的影响效应进行实证检验，认为数字经济促进要素市场化而抑制经济区域内差距的增大。

部分学者则基于数字经济技术偏向性的特征，对数字鸿沟、数字资本化等现象可能会加剧劳动力结构两极化以及区域经济差距的拉大表示担忧。如胡鞍钢等（2016）认为数字经济发展的地区非均衡性引发地区间的“数字鸿沟”，从而阻滞了欠发达地区的经济发展，促使地区差距拉大，因此必须重视政府在其中的调节作用。田海燕和李秀敏（2018）针对类似的观点构建 CGE 模型，重点分析了政府财政支出及分配对数字经济及区域经济差距的影响。王永章（2018）认为由于数字的资本化，数字经济所创造的财富最终被把握在资本家手中，而劳动者的财富将会因此减少。Goyal和Aneja（2020）从数字技术角度通过实证分析发现数字经济发展造成中低技能岗位的减少，一方面减少了劳动者拥有的财富，另一方面不断拉大与高技能岗位劳动者之间的收入差距，从而出现大规模失业和收入分配不平等现象。朱琪等（2020）分析了数字经济对收入分配的作用机理和影响效应，发现居民收入分配由于数字经济的数据、资本和技能偏向性而导致失衡。王娟娟和佘干军（2021）构建指标体系对不同经济区域的数字经济水平进行了测度，并将我国经济区域划分为三个梯队，认为不同梯队间的数字经济发展存在较大差异，需要针对各自的问题设计个性化发展方案以及与其他梯队构建经济循环，方可实现区域间的协同发展。

### 1.2.4 文献评述

数字经济发展至今，数字技术应用领域日渐扩大，数字经济的内容和形式不断丰富，数字经济已经成为影响世界各国经济发展的重要因素，促进数字经济发展也逐渐成为各国经济发展战略中极为重视的环节。国内外学者对数字经济及其对经济发展的影响进行了大量的理论和实践探索，取得了丰富的研究成果，但仍存在着一些问题需要进一步深入研究和拓展。第一，对于数字经济概念的研究较为丰富，各国官方机构及学术界从多角度、多方面进行了探索和阐释，但对数字经济的内涵和测度尚无统一标准，有待结合数字经济发展新阶段的特点进一步完善数字经济指标体系构建，准确测度我国数字经济发展水平。第二，现有研究从不同角度针对数字经济对经济发展的影响机制和效应进行了理论和实证分析，为本书的研究提供了思路借鉴，但数字经济对区域经济发展的影响研究角度多样，既有正向效应，也有负向效应，有待于进一步深化相关内在影响机理研究和实证检验。第三，由于我国区域发展不平衡不充分的现状，对数字经济发展水平及其经济效应进行区域异质性和空间相关性研究十分重要且必要。目前，国内外学者关于数字经济对区域经济发展在时间、区域、空间上的多维度影响的研究较少，有待于进一步充实，多维度对其展开研究既是对现有理论和实证的完善补充，又有利于从多维度对以数字经济推动经济高质量发展提出合理建议。

因此，本书在相关文献和理论研究基础上，测度我国及各省市数字经济发展水平，分析其空间演化特征，进一步从经济增长、产业结构、绿色经济发展效率三个角度探索数字经济对区域经济发展的作用机理，多维测度数字经济对区域经济发展的影响效应，提出促进数字经济发展，助推我国实现经济高质量发展的合理建议，为相关政府部门制定经济政策提供依据。

## 1.3 研究内容与框架

本书在国内外相关文献分析和理论分析的基础上，把研究重点放在数字经济发展水平测度以及数字经济对经济发展的影响机理和影响效应上，主要从数字经济对我国经济增长、产业结构优化和绿色经济发展效率3个方面的影响进行分析。在实证分析过程中，结合我国数字经济发展和经济发展的区域不平衡，从整体影响、区域影响差异、阶段性影响差异以及空间效应等角度进行具体分析，最后得出结论并提出相应的政策建议。具体研究内容如下。

第1章是导论。本章围绕数字经济对我国经济发展的影响阐述了本书的研究背景及理论和现实意义，梳理和述评了国内外学者关于数字经济发展及数字经济的经济效应领域的研究现状，概述了本书的研究内容、研究思路及研究方法，并指出本书可能存在的创新和不足。

第2章是数字经济概述及相关理论基础。本章首先对数字经济的起源与发展、中国数字经济的发展历程、数字经济的概念与内涵以及数字经济的特征进行概述，然后从经济增长理论、产业结构理论、经济发展效率理论及空间经济理论4个方面对经济发展的重要基础理论进行阐述，为后续的理论与实证研究奠定坚实的理论基础。

第3章是中国数字经济发展概况及综合测度。本章从数字经济的相关概念、内涵和范围出发，对我国数字基础设施、数字产业化和产业数字化情况进行描述性统计分析，了解近十年来中国数字经济发展概况，在此基础上，构建数字经济发展水平综合评价指标体系，利用熵权法对中国30个省（市、自治区）2011—2020年数字经济发展水平进行了测度和总体评价，并从数字经济发展水平的阶段性、区域异质性2个视角，从全国、经济区域和省级行政区3个层面进行了详细分析，通过全局莫兰指数和局部莫兰散点图验证了数字经济发展指数的空间相关性。

第4章是我国数字经济对区域经济增长的影响研究。本章在梳理数字经济影响区域经济增长的相关研究基础上，论述了数字经济对区域经济增长的理论影响机理，并提出研究假说，在此基础上利用2011—2020年我国30个省（市、自治区）的面板数据，通过构建空间计量模型对数字经济影响区域经济增长的空间效应、产业异质性和区域异质性展开实证分析。

第5章是我国数字经济对产业结构发展的影响研究。本章首先梳理和总结了数字经济影响产业结构优化升级的研究现状，论述了数字经济对产业结构优化升级的理论影响机理；其次，对我国产业结构发展现状进行了全面的描述性统计分析，并从产业结构合理化和产业结构高级化2个方面对我国产业结构优化升级水平进行了测度及时空演变特征分析；最后，利用我国2011—2020年30个省（市、自治区）的面板数据，建立数字经济对产业结构合理化和高级化影响的空间计量模型，实证分析和检验了数字经济对我国产业结构优化升级的影响效应。

第6章是我国数字经济对绿色全要素生产率的影响研究。本章基于我国经济社会发展全面推进绿色转型的时代背景，从绿色全要素生产率的视角研究数字经济对经济发展效率的影响。首先阐述了绿色全要素生产率的内涵，梳理和总结了绿色全要素生产率的研究现状，阐明了数字经济对绿色全要素生产率的理论影响机制；然后利用DEA模型对中国30个省（市、自治区）的绿色全要素生产率进行了测算和分析；最后基于2011—2020年中国30个省（市、自治区）的面板数据，采用空间计量模型，实证分析了数字经济对绿色全要素生产率的影响及区域异质性。

第7章是结论与政策建议。本章对全书研究内容和结论进行总结，并根据研究结论有针对性地提出促进中国数字经济发展水平和发展质量提升、实现经济高质量发展的相关政策建议。

本书的研究框架如图1-1研究框架图所示。

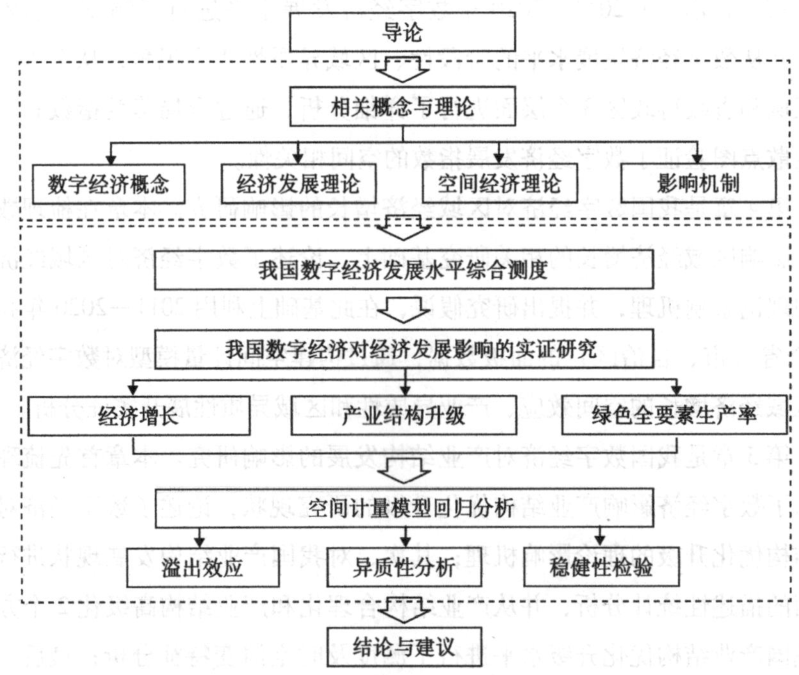


图1-1 研究框架图

## 1.4 研究方法

### 1.4.1 文献研究法

本书回顾和梳理了国内外学者关于数字经济与经济发展的相关文献研

究，充分了解国内外研究动态，对相关文献进行评述，探寻目前数字经济发展及其经济效应领域研究的不足。在此基础上，确定本书的研究视角和思路，为后文的理论分析和实证分析奠定基础。

### 1.4.2 定性研究法

本书对数字经济的发展历程、概念及特点等进行了概述，对经济增长理论、产业结构理论以及经济发展效率理论等相关经济理论进行了阐述，为本书关于数字经济与经济发展的相关研究奠定理论基础。本书还对空间经济理论进行了阐述，为数字经济对经济发展影响的实证研究奠定理论基础。同时，在相关理论基础上，从多角度对数字经济影响经济发展的理论机制进行剖析。

### 1.4.3 描述性统计分析法

本书通过搜集、整理国家统计局官方统计数据、历年统计年鉴数据，建立数字经济综合评价指标体系，分析了近十年来我国数字经济发展、经济规模增长、产业结构以及绿色经济发展效率等方面的发展概况和取得的成就，并在时间上和不同省份、区域间进行详细的对比分析，从而更清晰深刻地认识我国数字经济发展和经济发展状况。

### 1.4.4 实证分析法

本书在理论分析和数字经济发展水平测度的基础上，利用2011—2020年我国省际面板数据，建立面板数据模型、空间计量模型以及DEA模型等，从经济规模增长、产业结构优化水平以及绿色全要素生产率视角，对我国数字经济发展影响经济发展的理论机制和效应进行深入研究，为提出相关政策建议奠定基础。

## 1.5 研究创新与不足之处

### 1.5.1 研究创新之处

本书基于数字经济与经济发展的相关理论，构建了数字经济综合评价指标体系，测度了中国数字经济发展水平和空间相关性，利用我国30个省（市、自治区）2011—2020年的面板数据实证分析了我国数字经济对经济发展的影响效应，最后得出研究结论并提出政策建议。本研究可能存在的创新之处有几个方面。

第一，在数字经济发展水平的测度方面，在现有研究的基础上，结合最新的数字经济相关政策，构建了包括数字经济发展基础、数字产业化发展和产业数字化发展3个一级指标、7个二级指标和20个三级指标的数字经济发展水平评价指标体系，并从数字经济发展的阶段性、区域异质性视角，从全国、经济区域和省级行政区3个层面进行了详细分析，验证分析了数字经济发展指数的空间相关性，从而更为科学和全面地反映我国数字经济发展特征。

第二，在数字经济发展的经济影响效应研究视角的选择上，以相关经济理论为基础，从区域经济增长、产业结构优化升级、经济发展效率3个维度展开理论机制分析和实证研究，其中区域经济增长用人均GDP衡量，剔除了人口对经济增长的影响；产业结构优化升级水平用产业结构合理化和产业结构高级化衡量，二者结合分析更为全面地反映我国产业结构升级水平；经济发展效率选择绿色全要素生产率衡量，更加贴合我国推进经济绿色发展的背景，从而更为科学和全面地衡量我国数字经济发展的经济影响效应。

第三，在数字经济对经济发展影响效应的实证研究方面，充分分析和考虑了我国数字经济发展、区域经济增长、产业结构优化升级、经济发展效率在省际和区域间的不平衡性，为了更加全面清晰地反映数字经济对经济发展的影响，从整体影响效应、区域影响差异和空间效应等多方面进行了系统分析。

### 1.5.2 研究存在的不足

本书可能存在的研究不足表现在以下几方面。

一是本书运用的数据是2011—2020年我国30个省（市、自治区）的相关数据，因部分数据缺失较为严重，除去了西藏和港澳台地区的数据；同时由于受到时间和数据获取的限制，并未在地市级或者县级等更微观的层面展开分析和实证检验，有待于未来进一步进行拓展研究。

二是现有研究对于数字经济综合评价指标体系还处于研究探索阶段，由于对数字经济的定义不统一和数据获取的限制，本研究只能力求在现有数据的基础上进一步探索和拓展对数据经济发展水平的测度，今后有待于进一步进行深入研究。

三是近年来数字经济在整个国民经济发展中占据着越来越重要的地位，对于数字经济对我国经济发展带来的影响涉及社会经济发展的多个方面，本研究考虑了经济规模增长、产业结构发展、绿色经济发展效率3个研究视角，尚未将就业、收入差距、城乡发展、经济循环等方面纳入分析框架中，影响了本研究的深度和广度，为未来的进一步研究指明了方向。

# 第 2 章

# 数字经济概述及相关理论基础

# 2.1 数字经济概述

## 2.1.1 数字经济的起源与发展

20世纪90年代末，美国政府提出“数字经济”的概念，这也标志着世界进入一个新的时代——数字经济时代。数字经济的产生可追溯到60年代“知识社会”的出现，知识社会强调的“知识”和“创新”，为数字经济的产生创造了良好的环境。60年代，信息技术的发展催生出“信息经济”，后者是数字经济的前身，为数字经济的发展提供了技术支撑。90年代，互联网新技术的发展给美国带来了“新经济”，为迎来数字经济时代做好铺垫。20世纪末，以“新经济”为背景，数字经济被正式提出。

### 2.1.1.1 “知识社会”的出现

“知识社会”最早于20世纪60年代由管理学之父彼得·德鲁克在《不连续的时代》一书中提出，其认为知识在社会中应处于中心地位，是经济和社会行为的基础。随后，丹尼尔·贝尔在《后工业社会的来临》一书中对“知识社会”做出更为具体的阐述。他认为后工业社会是围绕知识加强政治管理，通过社会控制和指导促进创新和变革的社会。90年代初，彼得·德鲁克在《后资本主义社会》中再一次明确了知识的地位，他指出：“我们正进入知识社会，知识已成为社会的核心，知识资本的比例已大于资金资本。在知识社会，知识成为生产要素中最重要的组成部分，并将成为分配的主要依据之一。知识正日益代替权力与资本，成为世界向前发展的动力。”

知识社会强调两个方面。一方面是“知识”，主要体现在公民的受教育程度上，公民受教育程度越高，对事物的认知水平就越高，同时具有较强的创新能力，为经济和社会的发展奠定基础。另一方面是“创新”，创新是人类进步的源泉，人类知识储备的增加会催生出创新灵感，新发明的出现又刺激更多的人参与创新，当更多的人参与创新时，便会给社会带来科技变革。当然，创新不仅仅指科技创新，还包括社会制度、伦理、政治等方面的创新。知识社会所带来的革新为数字经济创造了良好的发展条件。

#### 2.1.1.2 “信息经济”的产生

随着信息技术的出现，第三次科技革命将人类带入到一个全新的社会。1962 年，马克卢普在《美国的知识生产与分配》一书中构建出了“信息产业”体系，他提出给市场提供信息产品和信息服务的企业是非常重要的经济构成要素，从而据此为“信息经济”的提出奠定了基础。1977 年，波拉特在传统三次产业划分的基础上首次提出增加信息产业，并认为信息产业与三次产业之间具有融合关系。美国经济学家保尔·霍肯于20 世纪 80 年代阐述了“信息经济”这一概念，即：信息经济是以新技术、新知识和新技能贯穿整个社会活动为特征的新型经济。

信息经济的产生为全球经济发展注入了新活力，信息经济以信息资源为基础，以信息技术为手段，利用生产知识密集型的信息产品和信息服务来促进经济增长，促进社会产出和增加劳动就业。可以说，信息经济是数字经济的前身，信息技术的发展为数字经济奠定了技术基础。

#### 2.1.1.3 “新经济”现象的出现

20 世纪 90 年代，世界经济出现巨大变革。日本受房市和股市泡沫的冲击，发展停滞不前，经济增长几乎处于停止的状态，亚洲金融危机更是使其雪上加霜。欧洲经济增长缓慢，各国失业率不断增加。美国经济却一枝独秀，出现了经济持续高速增长、低失业率和低通胀率的“新经济”现象。美国《商业周刊》编辑迈克尔·曼德尔于 1996 年提出“新经济”的概念，他指出美国经济已经迈向了具有先进生产生活方式的“新经济”时代。

美国“新经济”的出现代表着世界经济开始走向变革，以重工业为代表的传统经济产业逐渐被新兴的信息化产业所替代，网上交易逐渐取代了传统的商业交易方式，国民经济的生产、流通和分配环节均逐渐建立在“数字”基础之上，改变了原有的国民经济结构、功能和规则。有学者认为“新经济”实质上就是数字经济发展历程中的初始阶段，为数字经济的产生奠定了经济环境基础。

#### 2.1.1.4　“数字经济”的产生

在 20 世纪末美国“新经济”背景下，数字经济这一概念由美国著名经济学家 Don Tapscott（1996）在《数字经济：网络智能时代的希望与风险》一书中正式提出。这一概念的出现宣告了数字经济时代正式来临。1998 年，美国商务部发布了世界上第一部数字经济报告——《浮现中的数字经济》，该报告阐述了数字经济的信息内涵以及信息产业对美国经济乃至世界经济的积极作用，第一次从知识经济的角度分析了数字经济发展的理论基础，将经济学的重心由原来的货币现象转向了目前的信息现象，认为信息技术对经济增长和就业率起着决定性作用，这篇报告在世界范围内引起了巨大的轰动，掀起了各国研究数字经济的浪潮。

### 2.1.2　中国数字经济的发展历程

#### 2.1.2.1　萌芽期（1994—2002 年）

1994 年，中国实现与国际互联网的全功能连接，进入互联网时代。这一时期，互联网用户数量和互联网企业数量大幅快速增长，互联网行业发展迅猛。

1998 年 10 月，我国教育部科技司组织召开了主题为“数字地球”的会议，在此次专题研讨会中将数字地球提升到了国家战略发展层面，由北京大学牵头的多家单位和专家学者共同提出了启动“中国数字地球计划”的建议。1999 年 11 月，首届“数字地球”国际会议召开，北京市在会上提出建设“数字北京”工程，并于2000 年初制定了“‘数字北京’工程总体框架及发展规划”。2000 年 11 月，湖南省提出建设“数字湖南”框架工程，并纳入了湖南省国民经济和社会发展“十五”计划。

#### 2.1.2.2　高速发展时期（2003—2012 年）

随着互联网用户数量的持续高速增长，中国数字经济进入快速增长期，新兴业态不断涌现。这一时期，智能手机逐渐普及，大量电子商务平台和第三方支付平台涌现，各类信息通信软件也快速发展。随着这些互联网应用平台和软件的发展，国内电子商务行业快速发展，出现众多与互联网相关的新兴产业，第三产业占比逐渐增加，产业结构发生变革。2012年，在党的十八大会议中提出了我国发展数字经济的必要性，显示了发展数字经济的战略高度，要大力发展数字经济推动国民经济发展和社会进步。

#### 2.1.2.3 成熟期（2013 年至今）

随着中国互联网行业进入移动端时代，中国数字经济迈入发展成熟期，经济各领域数字化进程加快，我国政府陆续颁布了一系列数字经济发展的支持政策。2013 年，我国国务院发布了“宽带中国”战略实施方案，这一方案有力地促进了以大数据、云计算和人工智能为核心的新技术的发展。2015 年，我国颁布了《国务院关于积极推进“互联网+”行动的指导意见》，推动互联网与经济社会的融合发展。2016 年，第十八届中央政治局第三十六次集体学习强调要做大做强数字经济，拓展经济发展新空间。同年，G20 成员提出《G20 数字经济发展与合作倡议》。2017 年，我国政府工作报告首次明确提出“促进数字经济加快成长”。2018 年，党的十九大胜利召开，习近平总书记指出数字经济对我国经济发展的重大作用，要推动数字经济的快速发展，促进数字技术与传统行业的融合。2019年，党的十九届四中全会进一步提出“数据作为生产要素按贡献参与分配”。2021 年，习近平总书记在中共中央政治局第三十四次集体学习时强调要充分发挥海量数据和丰富应用场景优势，促进数字技术与实体经济深度融合，不断做强、做优、做大我国数字经济。近年来，我国数字化技术发展迅猛，已经融入生产生活的方方面面，推动了数字经济的进一步发展。

### 2.1.3 数字经济的界定

数字经济由著名经济学家 Don Tapscott（1996）在《数字经济：网络智能时代的希望与风险》一书中被首次提出。自数字经济的概念出现后，各国政府、机构及学者纷纷对数字经济的内涵进行深入的探究，但至今仍未达成一致。

#### 2.1.3.1　国际上对数字经济的界定

20 世纪 90 年代，美国抓住机遇积极推进数字革命，创造了巨大的经济繁荣。美国商务部（1998）在《浮现中的数字经济》系列报告中指出数字经济实质上是运用新兴的信息经济对传统产业进行的一场革命，此报告标志着全球进入数字经济时代。随后美国商务部又发表了《数字经济 2000》《数字经济 2002》和《数字经济 2003》等系列报告，对数字经济的相关内容进行探讨。2010 年，美国商务部首次提出“数字国家”的概念。2018 年，美国经济分析局发布了工作文件《数字经济的定义和衡量》，从互联网和 ICT 角度界定数字经济，并指出数字经济包括计算机网络存储及运行所需的数字化基础设施、使用计算机系统进行的数字交易以及用户创建和访问的数字内容三个方面的内容。

OECD 也对数字经济的概念和范围进行了界定，认为数字经济是由信息经济、互联网经济演化而来。2010 年，OECD 出版了《信息技术展望》，2012 年，OECD 将《信息技术展望》更名为《互联网经济展望》，认为互联网经济是更宽泛的概念，涵盖互联网支持的所有的经济、社会和文化活动。2015 年，OECD 用《数字经济展望》替代《互联网经济展望》。2017 年，OECD 从数字经济交易的视角界定数字经济，认为一个经济交易只要满足数字定投、平台实现或数字传递其中任一个，便属于数字经济的范畴。OECD（2020）提供了供 G20 成员参考的数字经济概念，指出数字经济包括所有数字技术、数字基础设施、数字服务和数据等数字投入或通过使用数字投入获得显著增强的经济活动。

2011 年，澳大利亚启动了国家数字经济战略，旨在促进政府和社会的数字化发展。澳大利亚政府在《澳大利亚的数字经济：未来的方向》中认为数字经济是通过互联网、移动电话和传感器网络等信息和通信技术，实现全球经济和社会网络化，并在《数字产业指南》中界定了数字经济的范围，包括内容制作、数字咨询或专业服务、数字广告公司、多媒体或流媒体服务、搜索技术、社交媒体等 24 个产业部门。

英国相关研究部门认为，数字经济是人、过程和数字信息技术相互作用从而为社会创造经济效益的活动。英国经济研究院认为，数字经济是通过数字化和信息化的要素投入所产生的全部经济产出，数字化和信息化投入包括数字技能、数字设备（软硬件和通信设备）以及用于生产环节的数字化中间品和服务。

法国数字经济监测中心将数字经济定义为依赖于信息通信技术的行业。法国数字经济协会则认为数字经济包括了电信行业、视听行业、软件行业、互联网行业以及那些需要运用电信、视听、软件、互联网技术来支持自身活动的行业。

此外，俄罗斯联邦政府将数字经济定义为以保障俄联邦国家利益（包括提高国民生活水平和提高国家经济竞争力）为目的在生产、管理、行政等过程中普遍使用数字或信息技术的经济活动。而韩国对数字经济的界定相对宽泛，认为数字经济是以互联网在内的信息通讯产业为基础而进行的所有经济活动。加拿大政府认为数字经济通过数字技术应用于商品生产、分配和消费各环节，从而提升商品自身质量。

**2.1.3.2 中国对数字经济的界定**

我国最早出现的数字经济一词是在姜奇平（1998）翻译的《浮现中的数字经济》中。这一报告的出现引起了国内社会各界对数字信息技术产业的关注，官方组织陆续对数字经济的概念进行界定。在 2016 年 G20 成员杭州峰会上，中国首次将“数字经济”列为重要议题，通过了全球首个由多国领导签署的数字经济政策文件，即《G20 数字经济发展与合作倡议》(2016)。该倡议对数字经济的概念、意义等作出系统阐述——“以使用数字化的知识和信息作为关键生产要素、以现代信息网络作为重要载体、以信息通信技术的有效使用作为效率提升和经济结构优化的重要推动力的一系列经济活动”。这是我国官方组织首次对数字经济的概念进行界定，也是目前对数字经济概念较为权威的界定。

2017 年，中国信息通信研究院在《数字经济发展白皮书》中认为数字经济包括数字产业化和产业数字化两大部分，2019 年将数字经济框架由原来的“两化”扩展到“三化”，即数字产业化、产业数字化、数字化治理，

2020 年将数字经济内涵进一步扩展为“四化”，即数字产业化、产业数字化、数字化治理和数字价值化。

我国国家统计局提出的数字经济概念与《G20 数字经济发展与合作倡议》提出的数字经济概念相似，认为数字经济指以数据资源作为关键生产要素、以现代信息网络为主要载体、以信息通信技术的有效使用作为效率提升和经济结构优化的重要推动力的一系列经济活动。

与国家统计局给出的数字经济概念相似，我国《“十四五”数字经济发展规划》进一步提出数字经济是以数据资源为关键要素，以现代信息网络为主要载体，以信息通信技术融合应用、全要素数字化转型为重要推动力，促进公平与效率更加统一的新经济形态。

### 2.1.4 数字经济的特征

数字经济作为一种新的经济发展形式，受到摩尔定律、梅特卡夫法则、达维多定律的支配，这 3 种定律决定了数字经济具有以下特征。

#### 2.1.4.1 快捷性

数字经济依托于互联网络，通过互联网络传输信息，由此数字经济便拥有了快捷性。互联网的快速发展将整个世界紧密联系起来，让人们获取信息更加快速、便捷。在现代网络的支撑下，数字化技术的应用加快了信息的传输速度，同时也提高了工作效率。

#### 2.1.4.2 高渗透性

基于信息技术和网络技术的高渗透性特点，促使以信息服务业为代表的数字经济产业不断快速向第一产业、第二产业扩张，三次产业的边界逐渐淡化，各产业之间出现相互融合的现象，这便体现了数字经济的高渗透性特征，这一特性不仅促进了三次产业的进一步发展，其融合发展还促生了大量新兴产业，重塑了产业结构。

#### 2.1.4.3 自我膨胀性

一方面，数字经济的价值等于各网络节点价值的平方和，这说明随着网络用户数量的增加，由网络所产生和带来的利益将呈指数形式增长。另一方面，在数字经济中，一定情况下人们受到心理以及行为习惯的影响，当优势和劣势出现并达到一定程度时，双方就会不断地进行自我强化，出现两极分化的现象，即强者越强、弱者越弱，从而呈现出“赢家通吃”的局面。

#### 2.1.4.4 外部经济性

网络的外部性指每个用户从使用的产品中得到的效用与用户总量有关，用户人数越多，每个用户得到的效用就越高。而以互联网为载体的数字经济同样具有很强的外部性，其外部性与网络的外部性一样，即数字产品的用户越多，每个用户从使用该数字产品中得到的效用就越大。

#### 2.1.4.5 可持续性

经济可持续发展是全球经济的发展目标和要求，要做到发展经济的同时，绝不以牺牲生态环境为代价，要树立节能减排的理念，促进资源环境和社会经济的协同发展。数字经济在很大程度上能够有效地弥补传统工业带来的危害，比如过度消耗能源、环境污染、生态恶化等问题。发展数字经济是实现经济绿色可持续发展的重要途径。

## 2.2 经济发展相关理论

### 2.2.1 经济增长理论

经济增长最常见的有2种定义。一种指实际总产出在相当长的一个时期内持续增长，另一种指人均实际产出的持续增加，这两种定义相互联系。经济增长理论是研究解释经济增长规律和制约因素的，学术界对经济增长理论的研究主要分为3个阶段，即古典经济增长理论、新古典经济增长理论以及新经济增长理论。

#### 2.2.1.1 古典经济增长理论

1776年，亚当·斯密在《国富论》一书中较为系统地阐述了经济增长理论，他认为国民财富是国家制造的所有商品的总体价值，劳动分工和资本积累是国民财富的主要来源。通过加强劳动分工能够提高劳动生产率从而增加国民财富，促进国家经济增长，因而劳动分工是影响经济增长的最主要的因素。

大卫·李嘉图从分配角度对经济增长进行研究，他认为资本积累是经济增长的主要来源，而资本积累程度和积累速度的决定因素是利润，工资和地租又是影响利润的关键因素。分配可以通过影响利润和资本积累影响社会生产力，进而促进经济增长。此外，马尔萨斯在《人口原理》中提出了人口理论，他指出人口是影响经济增长的重要因素之一，但人口的增长不利于经济增长，最终还会陷入“人口陷阱”。约翰·穆勒也同样提出控制人口数量有利于经济发展，他认为工资率取决于工人的数量，当工资率高于自然工资率时，人口数量会增加，但劳动力需求会减小，从而不利于经济发展水平的提高。马克思在《资本论》中对资本及劳动、土地、制度等因素在经济增长中的作用进行了论述，提出了剩余价值、劳动价值理论，建立了动态的经济增长模型，构建出以劳动价值理论、剩余价值理论为主的分析框架，认为社会变革和制度变迁是实现经济持久平衡增长的关键因素。

#### 2.2.1.2　新古典经济增长理论

20 世纪 40 年代，哈罗德在《动态经济学导论》一书中论述了经济增长理论和经济增长模式。随后，多马提出了与哈罗德相似的理论，合称哈罗德—多马增长模型。哈罗德—多马增长模型研究了经济增长、投资与储蓄之间的关系，强调了资本积累对经济增长的推动作用，他认为资本积累是通过投资（即储蓄率）来实现，投资的增加加速了资本积累，进而推动了经济增长。他将经济增长率（$g$）、投资率（$i$）、资本产出比（$v$）之间的关系用公式描述：$g=i/v$。但这一模型忽视了技术进步对经济增长的推动作用。其次，该模型还否定了生产要素的可替代性，这一假设与事实不符。

1956 年，索洛和斯旺针对哈罗德—多马模型进行了修正，提出了索洛—斯旺模型，这一模型假定生产要素之间是可替代的，并假定资本和劳动的边际生产率是递减的，该模型也被称为新古典经济增长模型。随后，索洛在此模型的基础上引入了一个非常重要的变量——技术进步，构建了包含技术进步的扩展的索洛模型，在这一模型中，指出了经济增长除了受劳动及资本的影响外，同时还受到技术进步的制约。最后，该理论模型得出只要技术不断进步，经济就会长期增长。

扩展的索洛模型中生产函数采用柯布－道格拉斯生产函数形式：

$$Y = AK^{\alpha}L^{1-\alpha} \tag{2-1}$$

其中，$Y$ 为产出；$K$ 为资本；$L$ 为劳动；$A$ 为技术进步。

此外，索洛还将产出的增长分解为生产要素的增长，用数学表达式的形式描述了技术进步增长率，提出了"索洛残差"的概念，他将这一概念表示为如下公式：

$$\frac{\Delta A}{A} = \frac{\Delta Y}{Y} - \alpha\frac{\Delta K}{K} - \beta\frac{\Delta L}{L} \tag{2-2}$$

其中，$\frac{\Delta A}{A}$表示为技术进步增长率，即索洛残差；$\frac{\Delta Y}{Y}$表示为产出增长率；$\frac{\Delta K}{K}$表示为资本增长率；$\frac{\Delta L}{L}$表示为劳动增长率；$\alpha$ 为资本产出弹性；$\beta$ 为劳动产出弹性，该模型被广泛应用于定量分析中。

#### 2.2.1.3 新经济增长理论

新古典经济增长模型将技术进步作为外生变量，而技术进步作为经济增长的关键因素，这就决定了新古典经济增长模型无法解释经济增长的源泉。20 世纪 90 年代，在新古典经济增长模型的基础上，学者们不再认同技术进步作为经济增长的外生变量，而是将其纳入到内生变量中，建立了新经济增长模型，又被称为内生增长模型。其中最具有典型代表的人物是罗默和卢卡斯。罗默将知识和人力资本作为内生变量，他认为二者不仅可以使自身的收益递增，并且可以促使劳动和资本等要素的收益也实现递增，最终对整个经济社会而言将获得规模收益递增。他指出知识、人力资本和技术进步是经济增长的动力。卢卡斯在经济增长模型中引入了内生化的人力资本，他将人力资本效应分为内部效应和外部效应 2 种，指出人力资本的外部效应使生产函数具有规模递增的收益，成为经济增长的源泉。

内生增长模型与新古典经济增长相比，其模型中资本边际产出不变，该模型的产出函数为：

$$Y = AK \tag{2-3}$$

其中，$Y$ 表示产出；$A$ 表示技术进步，为常数，说明模型中技术进步保持不变；$K$ 表示资本。该模型表明产出与技术水平和资本存量有关，简称为 $AK$ 模型。$AK$ 模型的资本积累函数为：

$$\dot{K} = sY - dK \tag{2-4}$$

其中，$s$ 表示储蓄率；$d$ 表示资本折旧率。根据产出函数及资本积累函数可得到 $AK$ 模型的产出增长率（$g$）：

$$g = sA - d \tag{2-5}$$

该模型表明，当经济系统不存在资本收益递减时，经济增长受到储蓄率和资本折旧率的影响。

$AK$ 模型是最简单的一种内生增长模型，该模型中对技术进步水平不变的假设与现实情况不符。因此，经济学家在 $AK$ 模型的基础上提出了基于R&D的内生增长模型（R&D模型），该模型是罗默的第二个内生增长模型，他认为技术具有使用上的非竞争性和占有上的部分排他性，这两种特性使经济具有长期的收益递增性。该模型建立在3个假设之上：（1）技术是经济增长的核心；（2）技术是内生的；（3）创新使知识成为商品。其生产函数为：

$$Y = K^{\alpha}\ (AL_Y)^{1-\alpha} \tag{2-6}$$

其中，$Y$ 表示产出；$A$ 表示知识存量；$K$ 表示资本存量；$L_Y$ 表示进行最终产品生产的劳动力人数。

知识生产函数为：

$$\frac{\dot{A}}{A} = \delta L_A \tag{2-7}$$

其中，$\dot{A}$ 表示知识变化量；$\delta$ 表示折旧率；$L_A$ 表示人力资本中从事研发人员数。劳动力约束方程为：

$$L_A + L_Y = L \tag{2-8}$$

其中，$L$ 表示人力资本。

在均衡状态下，产出增长率等于资本增长率等于知识增长率。

$$g=\frac{\dot{Y}}{Y}=\frac{\dot{A}}{A}=\delta L_A \tag{2-9}$$

上述模型表明，扩大人力资本能够使经济得到较快的增长。并且由于知识的溢出效应，政府可以进行干预，对研发者、购买者、生产者进行补贴，以提高经济增长率。

### 2.2.2 产业结构理论

产业结构升级包括产业结构高级化和产业结构合理化，其中产业结构高级化是产业结构从低级向高级演变的过程，产业结构合理化是对不合理的产业结构进行调整，实现生产要素的合理配置，使各产业协调发展。产业结构演变是产业结构体系从简单到复杂，从低级向高级演变的过程，也是产业结构走向高级化、合理化的过程。具有代表性的产业结构演化理论有配第—克拉克定律、库兹涅茨人均收入影响论、霍夫曼定理、钱纳里标准产业结构理论、罗斯托主导产业理论等。

#### 2.2.2.1 配第—克拉克定律

配第—克拉克定律是产业结构演化最具有代表性的理论之一。早在17世纪中期，威廉·配第（William Petty）在《政治算术》中指出，英国的商业、工业、农业的收入在依次降低，引起了劳动力的流动。1940年，克拉克（Colin Clark）在配第对于收入与劳动力流动关系研究的基础上，整理了不同国家不同时期各产业的投入产出资料，归纳出劳动力在不同产业部门间转移的规律。随着经济的发展，劳动力从低收入部门向高收入部门转移，即第一产业的劳动力在逐渐较少，向第二、第三产业流动。

#### 2.2.2.2 库兹涅茨人均收入影响论

库兹涅茨的人均收入影响论是由西蒙·库兹涅茨提出。他在配第和克拉克等人研究的基础上，基于人均国民生产总值研究产业结构演变规律，分析了各产业产值变动与就业人口变动的关系，并进一步证明了配第—克拉克定律。他发现人均国民收入变动会对产业结构产生影响，被称为库兹涅茨人均收入影响论。产业结构随着经济的发展发生变动，农业劳动力比重会逐渐下降，农业部门的收入也会下降，而工业、服务业的收入会逐渐提高，服务业部门的劳动力占比上升，劳动力逐渐转向服务业。这一结论和配第、克拉克的结论是相一致的。

#### 2.2.2.3 霍夫曼定理

霍夫曼 1931 年在《工业化的阶段和类型》中提出了霍夫曼比例，得出了工业化进程中，霍夫曼比例呈下降趋势，即消费资料工业的净产值与资本资料工业的净产值之比在不断下降。此外，他将工业化进程划分为 4 个阶段。第 1 个阶段，消费品工业发展迅速，在制造业中占据首要地位，而资本品工业发展相对缓慢。第 2 阶段，消费品工业发展速度放缓，资本品工业发展速度加快，但是消费品工业仍占据主导地位。第 3 阶段，资本品工业继续增长，其规模与消费品工业规模大致持平。第 4 阶段，资本品工业规模超过消费品工业，占据制造业生产中的主导地位。所以，霍夫曼认为各国的工业化进程具有相同或者类似的趋势，资本资料工业在制造业中的比重不断上升并超过消费品工业。

#### 2.2.2.4 钱纳里标准产业结构理论

标准产业结构可以理解为对某一样本国家产业结构升级中的特征与规律进行总结，得出产业结构升级中某一阶段的若干指标，作为这一阶段中产业结构升级的标准形式。

钱纳里认为，随着人均收入的增长，产业结构的变化呈现一定的规律性。在工业化初期，国内生产总值中，农业占比较高，工业和服务业占比较低，随着工业化进程的推进，农业占比会不断降低，而工业和服务业所占比重不断增加。当农业产值占比低于 20% 时，开始进入工业化中期阶段，工业占比高于服务业。当农业占比低于 10% 时，进入工业化后期阶段，工业比重达到最高，随后保持基本稳定状态。在工业化发展历程中，工业在国民经济中占比会呈现出一个先升后降的倒“U”形趋势。

#### 2.2.2.5 罗斯托的主导产业理论

主导产业理论最早由美国经济学家提出，罗斯托在研究经济发展规律时把经济发展划分为六个发展阶段：传统社会阶段、为起飞创造条件阶段、起飞阶段、向成熟推进阶段、高额群众消费阶段以及追求生活质量阶段。在产业结构中，存在处于主要支配地位、比重较大、综合效益较高、与其他产业关联度高、对国民经济的驱动作用较大且具有较大的增长潜力的部门产业，这就是主导产业。主导产业能够吸收大量科技人才、科学技术以及充分的资金和自然资源，通常能依靠大量的科技因素和较高的科技创新水平来提高经济发展水平，并对其他部门产生关联效应，同时促进其他部门的发展，体现出其对整体经济的支撑作用；另外，主导产业往往受制于特定的历史文化环境、制度、自然资源，不同发展阶段会有不同的主导产业；主导产业往往也会在发展的过程中，孕育新的主导产业，并会随着社会条件和发展阶段的变化而进行更替。主导产业对一定阶段的技术进步和产业结构升级转换具有重大的关键性的导向作用和推动作用。

### 2.2.3 经济发展效率理论

经济效率一般指在一定的经济成本基础上所获得的经济收益。学术界对于效率的相关研究很早就开始了。1776 年，古典经济学派代表人物亚当·斯密提出了通过劳动分工和竞争提升生产单元的效率，进而提高社会生产效率。他从 3 个方面说明劳动分工可以提高劳动生产力：一是分工使劳动更加专业化，每个劳动者只负责比较少的生产环节，这样劳动者的熟练程度就会大大增强，从而工作效率就会提高；二是将劳动者的生产环节分配好，不需要劳动者在生产环节中频繁切换，减少了转换工作环节的摩擦时间；三是将复杂的劳动分解为若干简单劳动，同时劳动工具的大量使用和改进缩短了劳动时间，劳动效率提高。劳动效率主要受交换和竞争两方面的影响，且竞争发挥主要作用，竞争从生产和交换两个方面提高资源的利用和配置效率，主要体现在两个方面：一是竞争过程中优胜劣汰，生产效率较低的企业逐渐被淘汰；二是产品的价格在交换过程中不断下降。古典经济学派另一代表人物威廉·配第提出了“土地是财富之母，劳动是财富之父”。他指出劳动生产率是影响国家财富增长最重要的因素，劳动生产率的提高使得生产成本降低，进而利润就会增大。

1906 年，意大利经济学家帕累托提出了著名的帕累托最优原理（又称为帕累托效率理论），即资源分配的一种理想状态。他认为假设一群人或经济体在分配某种经济资源时，在当前的分配方案下，如果不存在其他的分配方法，使得至少一个人或经济体获得比原来更好的资源，且并没有损害其他人或经济体的资源分配，那么就是实现了资源的最优配置，即分配效率达到了最大。

西方经济学家 Farrell 对效率进行了测度，他认为经济效率包含两部分，一个是技术效率，它衡量的是从既定的投入要素中获得最大产出的能力。另一个是配置效率，它衡量的是在投入要素价格既定的情况下，最优化分配资源的能力。此外，Leibenstein 独创了 X 效率理论，该理论否定了古典经济学中“理性人”的假定。他认为市场中的个体是“有选择理性”的个体，由于个体存在选择理性，当个体处在低压力的状态时，其输出就会降低，也可以理解为浪费了劳动力资源，此时，企业必然会处于无效率的经营状态。他还指出企业的组织架构、激励制度以及生产积极性都是引起无效率的因素，同时该理论可以用于衡量不同企业之间的效率差异。简单来说，他对经济效率的认识为不浪费资源就是经济有效率。

目前，学术界普遍使用全要素生产率来衡量经济发展效率。关于全要素生产率的研究，学术界将索洛发表的《技术变化和总量生产函数》视为全要素生产率研究的开篇之作，他将总产出看作是资本和劳动两个要素的函数，从总产出增长中扣除资本和劳动两种要素投入带来的增长后，所得到的余值看作是技术进步对总产出的贡献。这种测算全要素生产率的方法被称为索洛余值法。但这种方法将除了技术进步外的其他因素对产出的影响计算在内，因此，高估了全要素生产率。诺贝尔经济学获得者丹尼森指出索洛低估了要素投入的增长率，导致计算得出的全要素生产率较高，而这种低估是由于索洛对资本和劳动两种投入要素的同质性假设造成的。他认为生产要素投入量包含资本数量上的增加以及劳动者在数量上的增长和劳动者素质上的提高三个方面。乔根森采用超越对数生产函数的形式，从部门和总量两个层次上对全要素生产率进行了测算，同时，他为了保证产出和投入的数量是精确计算的，将总产出、资本投入与劳动投入进行了分解。

## 2.3 空间经济理论

空间经济学的诞生时间并不长，其最初起源于德国的古典区位理论，1826年，德国经济学家冯·杜能在《孤立国与农业和国民经济的关系》一书中提出距离消费市场的远近对农业布局有重大影响，他认为农业产品在选择种类和经营方式时应将产地与消费市场之间距离的远近作为首要考虑的因素，并围绕中心城市划分了6个同心圈层，创立了农业区位理论，标志着区位论的创立。1882年，劳恩哈特发表了《确定工商业的合理区位》，该文中首先提出了最小化运输成本目标下及资源供给和产品销售约束条件下的厂商最优定位问题，并尝试性地提出解决方案。1909年，德国经济学家阿尔弗雷德·韦伯在前人的研究基础上表述了一般的区位理论，他将影响工业区位的因素分为两类：区域性因素和集聚因素。同时，他认为运费、劳动费用以及集聚等因素是工业区位指向的决定性因素。1933年，德国经济学家沃尔特·克里斯泰勒在《德国南部的中心地区》一书中，系统地阐述了中心地区理论，首创了以城市聚落为中心进行市场面与网络分析的理论。1939年，奥古斯特·勒施出版了《空间体系经济学》，他将一般均衡理论应用于空间问题的研究，并建立和发展了工业区位理论、经济区理论和市场区位理论。随着区域科学、城市经济学等学科的兴起，为空间经济理论的诞生奠定了理论基础。1991年，美国经济学家保罗·克鲁格曼提出了著名的"中心—外围"模型。1999年，麻省理工学院出版了克鲁格曼等著的《空间经济学：城市、区域与国际贸易》，这一著作的诞生标志着初步建立了较为完整的空间经济理论框架。

空间经济学体系中主要有3种基本模型，分别是区域模型、城市模型和国际模型。

### 2.3.1 区域模型——中心—外围模型

该模型假设经济体中只有农业生产部门和制造业部门，其中农业生产部门只利用劳动力单一生产要素实施生产，劳动力要素不可流动，农产品单一和同质，运输成本可忽略不计，处于完全竞争状态。相较而言，在制造业部门劳动力要素可自由流动，产品具有差异化和收益递增的特征，运输上存在萨缪尔森的“冰山成本”，整体上处于垄断竞争状态。在此假设下，当运输成本足够低、制造业部门供给的产品种类足够多、生产规模足够大时，经济将可能演化形成中心—外围格局。

### 2.3.2 城市模型——城市层级体系演化理论

该模型建立在冯·杜能的“孤立国”理论上，认为制造业聚集在城市，而城市外包围着大量农业腹地。随着城市人口不断增加到一定程度，城市边缘外扩，城市内的制造业会陆续迁移到原城市外，从而促进形成新的城市。长此以往，形成越来越多的城市，当城市数量足够多时，在离心力和向心力的不同强度作用下，城市规模水平和城市之间的距离将逐渐稳定在某一水平上。同时，如果经济中大量行业的规模和运输成本具有普遍差异，将形成城市经济层级结构，市场潜力对该层级结构的演化具有决定性作用。因此，城市区位和市场潜力共同影响城市层级的发展趋势。

### 2.3.3 国际模型——产业集聚与国际贸易模型

该模型讨论了国际贸易如何影响一国内部经济地理形成，认为要素流动性在其中发挥着重要作用，但是在世界范围内的国际贸易发展和要素流动不可避免地会受到国界的制约。国际贸易传统问题和空间经济相结合，既考虑国际的专业化分工，又强调了外部经济的作用。从空间经济角度分析，国际贸易会促使国家内部经济地理重构，贸易自由化一方面会造成工业分布分散化，另一方面会对部分工业产生向若干个国家集聚的空间效应，这些效应增加了一国经济的福利水平。

## 2.4 数字经济影响经济发展的理论机理

### 2.4.1 数字经济与产业结构升级

数字经济作为一种新型经济形态，通过互联网平台进行资源配置，为传统产业提供转型升级路径，催生新兴产业，从而促进产业结构优化升级。一方面，产业数字化对传统产业效率提升、技术升级和转型发展具有重要的推动作用，并不断重塑产业结构的形态。随着社会的发展，产业数字化催生了新的可提高生产效率的智能生产模式，大量的重复性的人类劳动正逐渐被工业机器人取代。并且，数字技术和信息通信技术的发展正在颠覆传统制造业，对原有制造能力进行数字化升级，提升原有工业产品的质量水平，不断增强产品竞争力，通过增加产品需求来创造国民财富。另一方面，数字经济在一定程度上可以刺激新兴产业的发展、孕育新产业，推动产业结构的升级。数字技术催生出了基于互联网创新的新型商业模式，这种新型商业模式缓解了由于信息不对称所带来的的资源配置效率低下问题，激发了商业活力，从而发展形成新的产业形态。

同时，数字经济作为当前经济发展的主要驱动力，不断淘汰过剩产能，调结构、促转型，加快了产业结构向高级水平演进。随着我国全面深入推进供给侧结构性改革，把提升供给体系质量作为主攻方向，着力增强创新力、发展新动能，利用信息与通信技术（ICT）、大数据、人工智能（AI）、互联网等重要手段，促进新产业、新业态发展，也加快了产业结构优化升级的步伐，进而在提高资源配置效率、改善劳动力结构、优化经济发展结构等方面起到极大的推动作用，从而为经济长期增长不断注入活力，推动区域经济高质量发展。

### 2.4.2 数字经济与技术创新效应

数字经济带来了技术创新效应。创新是引领发展的第一动力，在世界新一轮的科技革命浪潮中，科技创新有利于促进生产方式的变革，推动区域产业结构升级以及产业技术变革。目前，我国已从经济快速增长阶段转向经济高质量发展阶段，经济增长方式正向创新驱动转变，此时，加快数字经济发展、提升区域创新能力，是促进区域经济快速增长的重要举措。

其一，科技创新能有效助推区域内产业结构升级。区域经济结构是由区域内各生产要素的组合来决定的，通过技术创新可以调整原有的生产要素结构，优化资源配置以及提高资源利用率，从而优化区域内生产要素的比例、改变生产方式，推动新产业和新产品的发展、创造新的消费和就业，由此实现区域内经济结构的转型升级。其二，科技创新是提升区域竞争力的重要途径，是实现区域可持续发展的重要动力。区域内的技术创新型企业能带动其他企业在自主创新上寻求新的突破，推动企业技术的发展，形成新的技术产业，最终形成自己的核心市场竞争力。最后，科技创新的扩散效应能够促进区域内外的经济增长。科技创新不仅能够推动本区域内的技术进步，而且其扩散效应还会扩展到整个集群以及区域内外，从而提升区域内外的产出水平。

当前，随着我国数字经济蓬勃发展，不断引领着科技创新向前发展，数字经济、科技创新日渐成为新经济条件下的根本驱动力量，对我国的经济地理分布、经济转型发展、区域经济协调发展等产生极大的影响。

### 2.4.3 数字经济与全要素生产率

随着人口红利的弱化和资源储备量的下降，当前传统的发展模式已不能支撑中国经济的长期快速增长，以技术要素为关键的全要素生产率提升成为促进经济长期高质量发展重要途径。高质量发展时代下数字经济的发展是提升全要素生产率的重要动力，它能够带动产业数字化转型，促进生产和信息通信技术的发展，提升全社会的全要素生产率。

首先，数字经济包含数据和数字技术2个关键要素，在新经济形态下，大数据被广泛应用于人们的社会生产活动中，成为能和资本、劳动等并列的又一新要素，而数字技术具备扩散快、迭代快、高渗透性的特点，二者通过促进创新以及优化资源配置，提高了生产过程中的技术效率，从而提高产业竞争优势。其次，对于整个社会而言，数字化基础设施的发展搭建了数据信息交流的平台，增强了数据信息的流通性，这对生产率具有长期的积极影响。而且，数据要素与其他要素的有效结合，既可以改善传统经济效率又能催生出更多新型商业模式，极大地解放了部分劳动力，提升了经济活动之间的互联互通性，最终促进生产效率的提高。

## 2.5 本章小结

本章首先对数字经济的起源与发展、中国数字经济的发展历程、数字经济的内涵以及数字经济的特征进行了概述。然后，从经济增长理论、产业结构理论、经济发展效率理论、空间经济理论4个方面对经济发展的相关理论进行了阐述。最后，从产业结构升级、技术创新效应和全要素生产率3个方面探讨了数字经济影响经济发展的理论机理。本章内容为后续研究奠定了坚实的理论基础。

# 第 3 章

# 中国数字经济发展概况及综合测度

本部分通过对数字经济相关概念、内涵和包含范围进行梳理，为构建数字经济发展水平的综合评价指标体系提供理论依据。随后对选取数字经济相关指标进行描述，介绍近10年来中国数字经济发展的大致情况。之后对中国30个省（市、自治区）2011—2020年数字经济发展水平进行测度，针对数字经济发展水平的阶段性、区域异质性，从全国层面、经济区域层面和省级行政区层面3个视角进行实证分析。

## 3.1　关于数字经济发展水平测度的文献综述

鉴于当前数字经济的蓬勃发展，关于数字经济的内涵和数字经济的测度成为学术界关注的重点，并取得了丰富的研究成果，为本书对我国数字经济发展的测度提供了借鉴和参考。

### 3.1.1　关于数字经济内涵的研究

数字经济一词出现于20世纪90年代，经济合作与发展组织于1995年详细阐述了数字经济的可能发展趋势，认为在互联网革命的驱动下，人类的发展将从原子加工过程转变为信息加工处理过程。1996年数字经济之父Don Tapscott着重强调了数字经济这一概念，认为数字经济是信息以数字形式呈现的经济，提出互联网的发展会推动数字经济的发展，并从多方面对数字经济展开描述，推动了数字经济概念的形成。随着信息通信技术的发展，数字经济与传统经济的融合加深，数字经济的内涵也与时俱进，许多学者从不同视角解释了数字经济，主要分为以下3类。

#### 3.1.1.1　划分数字经济的范围

Brent（1999）认为数字经济包括电子商务以及涵盖软件、信息通信、半导体等在内的信息技术。Kling R和Lamb R（1999）则认为数字经济不仅包括了信息经济，还包含了数字商品与服务以及IT行业，拓宽了数字经济包含的领域。Mesenbourg（2001）将数字经济划分为电子商务基础设施、电子商务流程和电子商务3部分，明确了数字经济的构成，但在具体测度上存在一定的难度。康铁祥（2008）认为数字经济包含8大类产业，即电信和其他信息传输服务业、计算机服务和软件业、计算机整机制造业、电子元器件制造业、通信设备制造业、家用视听设备制造业、其他计算机设备制造业和其他通信和电子设备制造业，为数字经济的测度提供了具体产业依据。逄健和朱欣民（2013）总结了各国政府对于数字经济的界定，认为狭义的数字经济包含信息和通信技术产业，广义的数字经济还包含音乐、影视、游戏等娱乐业、出版发行业以及工业控制、物流运输、军事工业等所有可以被数字化的产业和领域。Bukht和Heeks（2017）认为由数字技术所引起的产值增加都应被计入数字经济核算中，进一步拓宽了数字经济的范围，但在实证上存在难度。陈晓红等（2022）对数字经济进行了一个相对宽泛的界定，认为数字经济的内涵包含4个核心内容：数字化信息、互联网平台、数字化技术、新型经济模式和业态。

#### 3.1.1.2 将数字经济视为一种经济活动

Beomsoo Kim（2002）认为数字经济的本质是将商品和服务以数字化形式进行交易的特殊经济活动。何枭吟（2005）提出数字经济是在制造、管理和流通等各领域中表现出的数字化经济活动。康铁祥（2008）认为数字经济是以数字为基础的一系列经济活动的总和。中国在2016年举办的G20峰会上将数字经济定义为以使用数字化的知识和信息作为关键生产要素、以现代信息网络作为重要载体、以信息通信技术的有效使用作为效率提升和经济结构优化的重要推动力的一系列经济活动。总体上，当前研究者们普遍认同数字经济是信息技术发展带来的崭新经济活动形态。

#### 3.1.1.3 总结数字经济的显著特征

数字经济的含义具有复杂性，并处于不断演进过程中，部分学者对数字经济的显著特征进行了描述。Don Tapscott（1996）总结出数字经济具有知识驱动、数字化、虚拟化等12个主要特征，但未给出数字经济的准确定义。裴长洪（2018）认为，数字经济在规模经济、范围经济和长尾效应方面具有显著的特征，数字经济发展带来的交易成本下降、“创造性毁灭”

等情况也是其重要特点。李晓华（2019）认为，数字经济作为新动能能够不断发力，是由于颠覆性变革不断涌现、平台经济超速成长、网络效应"赢家通吃""蒲公英效应"与生态竞争4个新特征紧密联系在一起。张路娜（2021）对数字经济的演化特征和系统性特征进行了总结，认为数字经济具有技术更新速度快，技术渗透性强大，具有虚拟性、可持续性、智能性、开放共享性、普惠性等较为明显的特点。

### 3.1.2　关于数字经济测度的研究

数字经济作为一种新兴的经济形态，发展势头迅猛，但其发展时间较短，尚无统一定义，且相关统计数据资料存在欠缺，因此学者们在数字经济的测度上存在不同的看法。当前对于数字经济的测度主要分为两类：一类是依据投入产出表等国民经济核算相关数据构建核算框架，对数字经济的绝对值规模进行测度，但由于我国投入产出表并非以连续年份形式进行发布，所以核算较为困难，相关研究有待充实；另一类则是从多个维度选取数字经济相关指标，通过综合评价的方式计算数字经济发展水平，这类方法是当前关于数字经济测度的主流方法。

#### 3.1.2.1　关于数字经济规模测度的研究

在数字经济核算框架方面，数字经济作为新兴的经济形态，在原先的国民经济核算体系中难以体现出来，为此联合国、世界银行等国际组织就涉及的数字经济相关问题修订了2008年SNA，使数字经济相关行业在国民经济核算体系中充分体现出来。2021年，依据党中央、国务院相关政策文件，基于《国民经济行业分类》，我国制定了《数字经济及其核心产业统计分类（2021）》，将数字经济产业范围分为数字产品制造业、数字产品服务业、数字技术应用业、数字要素驱动业和数字化效率提升业5个大类，使数字经济范围更加明确，大大方便了对数字经济的核算。除官方机构组织完善了数字经济核算相关资料外，不少学者在数字经济核算框架和核算方法方面也做出了突出贡献。贺铿（1989）提出了信息产业的划分方法，并以湖南省岳阳县为例，提出了两种中国信息产业投入产出表的编制设计，但仅做了理论上的分析，未能进行实证研究。杨仲山（2001）认为网络经济将以一种新的经济模式改变我们的生活方式，提出了网络经济消费总值的测算方法。康铁祥（2008）提出数字产业部门总增加值与数字辅助活动创造的增加值之和即为数字经济的总规模，并依据2002年投入产出表进行了实证研究。由于我国投入产出表的编制并非按连续年份，数字经济规模的测算难以具有连续性。中国数字经济白皮书（2021）在数字产业化核算时直接对数字经济相关行业增加值进行加总，在产业数字化部分通过计算ICT的实际投资额得出其规模，对于缺失年份数据采用混频动态因子算法、灰色预测法，为数字经济规模测算提供了全新思路。

在数字经济增加值测算方面，康铁祥（2008）对2002年中国数字经济规模进行了测算，并对2005年数字经济总规模进行了外推预测。向书坚等（2019）借鉴经济合作与发展组织（OECD）数字经济研究框架测算了数字促成产业和电子商务产业增加值。许宪春等（2020）测算了2007—2017年中国数字经济增加值，研究结果表显示中国数字经济增长率明显高于美国和澳大利亚。陈亮（2020）在投入产出表中从数字产业化和产业数字化两个角度对数字经济部门进行划分，并通过转换得到数字经济投入产出表测度数字经济规模，发现了当前数字经济对经济增长的巨大带动作用。韩兆安等（2021）将数字经济划分为数字经济生产、数字经济流通和数字经济交换，计算了2012—2017年中国30个省份的数字经济增加值，发现中国各省份数字经济规模在持续增长，但存在一定的地区差异。中国信息通信研究院作为中国数字经济测算的权威机构，已连续多年发布了数字经济白皮书，对我国数字经济规模进行了测算。

在数字经济卫星账户（DESA）构建方面，OCED是该方面研究的先行者，在理论和方法上进行了有效探索。屈超和张美慧（2015）梳理了信息与通信技术（ICT）卫星账户的发展脉络，总结了澳大利亚建立ICT卫星账户的经验，提出了构建中国ICT账户的构想。杨仲山和张美慧（2019）提出中国DESA的整体框架，明确了数字经济的静态总量指标与直接贡献指标，为中国DESA的编制及国民经济核算体系的完善提供了借鉴。向书坚等（2019）从数字经济生产、资金流量和资本核算3方面设计了中国数字经济卫星账户框架。罗良清等（2021）将数字经济分为数字经济基础产业和融合产业，设计了核心表式和相关总量指标，但由于数据难以获取，并未根据表式对中国数字经济发展情况展开实际测算。

#### 3.1.2.2　关于数字经济发展水平综合评价的研究

由于当前统计资料不全面，数字经济的规模测算常常受到约束，且数字经济的规模仅能从经济方面反映数字经济发展情况，难以全面体现数字经济发展水平，因此不少学者通过综合评价的方式对数字经济发展水平进行测度。

国内外不少权威机构针对数字经济发展设计出大量的综合评价指标体系，有许多值得借鉴之处。欧盟于2014年开始发布《欧盟数字经济与社会报告》和数字经济与社会指数，其主要是从宽带接入情况、人力资本、互联网应用、数字经济应用、公共服务数字化程度五大方面的31个具体指标对数字经济发展水平进行测度。作为对数字经济研究起步较早的机构，OECD从四个维度对数字经济展开度量：投资智能化基础设施、赋权社会、创新能力、ICT促进经济增长与增加就业岗位，其选取的38个二级指标涵盖了数字经济的方方面面，但是并未选取某一固定样本国家进行全面的数据采集，指标体系停留在理论阶段。联合国国际电信联盟发布的ICT发展指数从ICT接入、ICT使用、ICT技能3个方面对数字经济发展水平进行了度量，但其对经济环境的内容测量较少，仅是对信息通信领域情况的衡量。赛迪顾问2017年发布《2017中国数字经济指数（DEDI）》白皮书，从基础型、资源型、技术型、融合型、服务型5个方面的数字经济角度对中国31个省级行政区数字经济发展水平进行了测度，在反映服务领域数字经济的渗透状况方面有一定的创新性。上海社科院发布的《全球数字经济竞争力指数（2017）》将数字经济分为主体产业部分和融合应用部分，从数字设施、数字产业、数字创新、数字治理维度构建全球数字经济竞争力评价体系，该体系引入数字治理对测度数字经济在一定程度上更具前瞻性和完备性。

国内外学术界在数字经济指标体系的构建上也取得了丰富成果。如Aryanto等（2011）对印度尼西亚的数字经济发展水平构建了指标体系。

张雪玲等（2017）选取信息通信基础设施、ICT初级应用、ICT高级应用、企业数字化发展、信息和通信技术产业发展5个方面的指标，对2007—2015年中国数字经济发展综合指数和分类指数进行了计算，发现我国数字经济发展水平总体呈增长趋势，企业数字化对数字经济发展贡献最大。陈文等（2021）参考了张雪玲的指标体系基于数字科技创新能力、数字化基础设施建设水平、ICT推进数字化社会、ICT促进经济增长、新兴数字经济产业发展水平、数字经济企业资本化水平6个一级指标，运用客观权重赋权CRITIC方法生成指标权重，最终得出2012—2018年各省数字化发展水平指数。沈运红等（2020）从数字基础建设水平、数字化产业发展水平、数字技术创新科研水平3个角度衡量数字经济发展，运用改进后的熵值法对浙江省2008—2017年数字经济发展情况进行了测度。杨慧梅和江璐（2021）立足于数字经济发展的两大典型特征“数字产业化”与“产业数字化”，采用主成分分析法构建我国省份层面数字经济发展水平衡量指标体系，将2017年测算排名结果与中国信息通信研究院发布的相关数据对比，发现并无显著差异结果，认为构建的指标体系较为合理。张少华和陈治（2021）从信息化基础、互联网融合、数字化人才与数字技术产出4个维度出发，考虑了数字经济的渗透性特征，测算了数字经济发展指数，发现中国区域间存着巨大的“数字鸿沟”。巫瑞（2022）参考陈小辉（2020）构建的数字经济发展指标体系、几年来的互联网大会蓝皮书和中国城市数字经济指数蓝皮书，从信息产业、电信业务、电子商务和企业数字化4个维度选取了10个具体指标对各地区数字经济发展水平综合衡量。沈栋芳（2022）构建的数字经济评价指标体系包括基础设施水平、应用水平、产业发展水平和持续发展水平4个方面，并充分考虑了人口、区域面积等因素对数字经济发展的制约，选取相对指标构建更加合理的指标体系。

综上所述，当前国内外权威机关和专家学者从数字经济的范围、数字经济的特征、数字经济的本质等方面对数字经济的内涵进行了探讨，并基于对数字经济的不同理解对数字经济的规模和发展水平进行了测算，提供了丰富的研究基础。但是，关于数字经济测度仍有一些问题有待深入研究：（1）随着信息通信技术和互联网相关技术的进一步发展，数字经济与传统产业的融合越来越广泛和深入，数字经济的囊括范围不断扩展，相关研究也有待于拓展。（2）在构建数字经济发展综合评价指标体系时，大多数学者选取的指标都是绝对值指标，但部分指标受到区域人口和面积的影响，选取人均指标或相对值指标相对更为合理，因此在对指标的选取上需进一步探讨。本章将重点考虑这两方面问题展开研究，旨在更加科学合理地测度我国数字经济发展水平，并为后文的实证研究奠定数据基础。

## 3.2　我国数字经济发展现状描述性分析

数字经济作为当前经济发展的新动能，在推进产业结构升级、拉动经济增长、促进经济高质量发展等方面起着至关重要的作用。本部分从多角度对我国数字经济发展现状进行描述性统计分析，从而全面掌握我国数字经济发展的特征和趋势。

### 3.2.1　数字经济发展基础

数字经济的发展需要有良好的硬件、软件和环境支持，因此本部分从数字基础设施、数字普及化程度和创新环境基础 3 个方面对数字经济发展基础进行描述。

#### 3.2.1.1　数字基础设施

数字基础设施建设是推动数字经济发展的基础和重心，也是决定数字经济发展速度的重要保障，因此推动数字经济发展的首要任务就是完善数字基础设施。

如表 3－1 所示，近年来我国数字基础设施建设扎实推进，通信能力进一步加强，互联网持续纵深普及，基础设施建设发展较好。2011—2020 年，我国光缆线路长度从 1211.93 万公里增加至 5169.21 万公里，年均增长率达到17.49%，平均每年增长439.70万公里，通信设备和通信能力明显增强。与此同时，互联网域名数稳定增长，且管理更加规范，2011—2017年，中国互联网域名数快速增长，由2011年的774.85万个增长到2017年的3848.04万个，7年间域名数增长了3.97倍。2018年，国务院发布了《国务院办公厅关于加强政府网站域名管理的通知》(国办函〔2018〕55号)，规范了域名的申请和使用，域名数量的增长速度有所放缓。另外，互联网接入端口数一定程度上能反应互联网用户规模，2011—2020年中国互联网使用人数快速增长，从23239.40万个互联网接入端口发展到94604.68万个接入端口，年均增速达到16.88%，互联网用户规模快速增长，为互联网发挥其规模效应提供了保障。由此可见，我国数字基础设施发展情况较好，光缆线路长度、互联网域名数和互联网接入端口数持续增加，为数字经济发展奠定了良好基础。

**表3-1　2011—2020年中国数字基础设施发展情况**

| 年份 | 光缆线路长度（万公里） | 互联网域名数（万个） | 互联网接入端口数（万个） |
|---|---|---|---|
| 2011 | 1211.93 | 774.85 | 23239.40 |
| 2012 | 1479.33 | 1341.21 | 32108.45 |
| 2013 | 1745.37 | 1843.65 | 35945.30 |
| 2014 | 2061.25 | 2059.55 | 40546.13 |
| 2015 | 2486.33 | 3101.40 | 57709.38 |
| 2016 | 3042.08 | 4227.57 | 71276.86 |
| 2017 | 3780.11 | 3848.04 | 77599.09 |
| 2018 | 4316.79 | 3792.75 | 86752.30 |
| 2019 | 4741.24 | 5094.23 | 91577.98 |
| 2020 | 5169.21 | 4197.76 | 94604.68 |

数据来源：根据《中国统计年鉴》数据资料整理。

#### 3.2.1.2 数字化普及程度

数字经济发展的核心是规模经济，本质上是通过提供信息共享，扩大经济规模进而促进经济增长，因此扩大数字化的普及程度是推动数字经济发展的重要途径。

随着国家对通信行业的大力支持以及“宽带中国”战略的实施，我国数字普及化程度逐年上升，移动电话普及率和互联网普及率不断提高，如图3－1所示。2011—2020年，我国互联网普及率从38.3%上升到70.4%，大约是原来的1.84倍。移动电话普及率也稳步提升，除2015年略有下降之外，其他年份均呈上升趋势，总体从2011年的每百人73.55部增加至2020年的每百人112.91部，平均达到人手一部移动电话。而在企业拥有网站个数方面，2011—2020年我国每百家企业拥有网站个数略有下降——个数在55.4左右。企业网站作为展现企业信息和实况的重要渠道，仍需企业加强重视，进一步提高企业拥有网站数量。总的来说，我国数字普及化程度逐年上升，为数字经济的发展提供了动力。

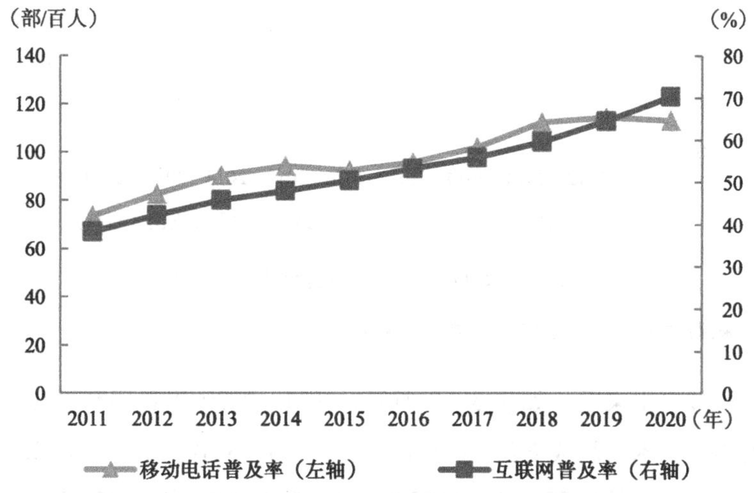


**图3－1　2011—2020年中国移动电话及互联网普及情况**

数据来源：根据《中国统计年鉴》《中国互联网络发展状况统计报告》数据资料整理。

#### 3.2.1.3　创新环境基础

数字经济作为全新的经济形态，对科学技术的发展提出了较高要求，良好的科研创新环境是数字经济发展的重要保障。

科研经费投入是科技发展的硬核保障，随着创新逐渐成为我国经济发展的全新引领，我国对科学技术的投入也越发重视。2011—2020年，我国研究与试验发展（R&D）经费支出快速增长，从2011年的8687亿元提升到2020年的24393.11亿元，年均增长率达到12.16%，科研经费投入年均增长1475.12亿元。与此同时，政府在科研经费的投入中发挥着重要作用，从图3-2中可以发现，地方财政科技支出增速基本与全国R&D经费支出增速相等，甚至在2016—2019年增速超过了全国R&D经费支出增速，10年间地方财政科技支出翻了2.08倍。政府在推动科技兴国方面做出了表率作用。

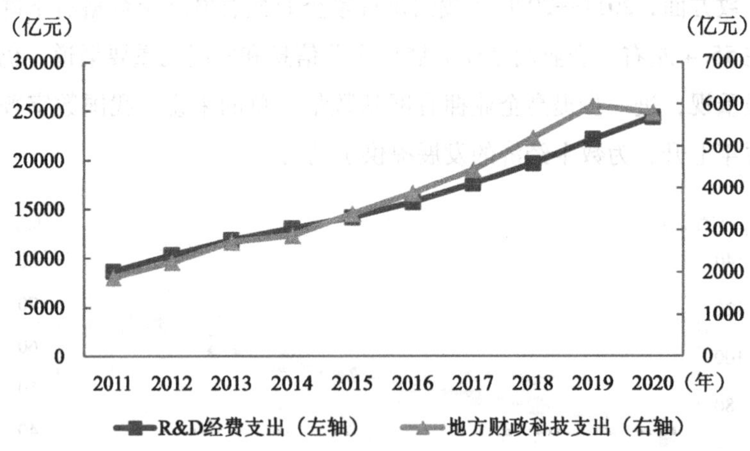


**图3-2　2011—2020年中国科技投入情况**

数据来源：根据《中国统计年鉴》数据资料整理。

从科技产出来看，如表3-2所示，2011—2020年我国科技创新能力不断增强。技术市场成交额在10年间增长了4.93倍，年均增长26097722万元。专利授权数从2011年的883861件上升至2020年的3520901件，特别是在2017年之后专利授权数增速进一步加快，2017—2020年的年均专利增长率达到26.95%，可见我国创新成果增长较快，为数字经济的持续发展提供了良好的科技创新环境。

**表3-2　　2011—2020年中国科技产出情况**

| 年份 | 技术市场成交额（万元） | 专利授权数（件） |
|---|---|---|
| 2011 | 47635589 | 883861 |
| 2012 | 64370638 | 1163226 |

续表

| 年份 | 技术市场成交额（万元） | 专利授权数（件） |
|---|---|---|
| 2013 | 74691253.67 | 1228413 |
| 2014 | 85771789.87 | 1209402 |
| 2015 | 98357896.37 | 1596977 |
| 2016 | 114069815.7 | 1628881 |
| 2017 | 134242244.7 | 1720828 |
| 2018 | 176974213 | 2335411 |
| 2019 | 223983881.6 | 2474406 |
| 2020 | 282515091.7 | 3520901 |

数据来源：根据《中国统计年鉴》数据资料整理。

### 3.2.2　数字产业化发展现状

数字产业化发展情况能够较为全面地衡量当前数字技术转化为实体产业的情况，且数字产业化发展也是整个数字经济发展的支撑力量。本部分从数字产业发展规模、数字产业行业规模两个层面对我国数字产业化发展情况进行描述。

#### 3.2.2.1　数字产业化发展规模

数字产业的扩大发展为其他行业提供技术支持，其中电子信息产业制造业主营业务收入、信息传输、软件和信息技术服务业营业收入既反映了数字产业为其他产业数字化提供支持的能力，也反映了数字产业化自身发展情况；软件业务收入、电信业务总量则侧面反映了数字产业发展规模。

如图3－3所示，我国电子信息产业制造业发展趋势良好，2011—2020年电子信息产业制造业主营业务收入由74909.17亿元增长至130930.54亿元，年均增长6224.60亿元；信息传输、软件和信息技术服务业营业收入持续增加，从2011年的26055.2亿元增加至2020年的92117.6亿元，年均增长率达到15.06%，可见增速较快。

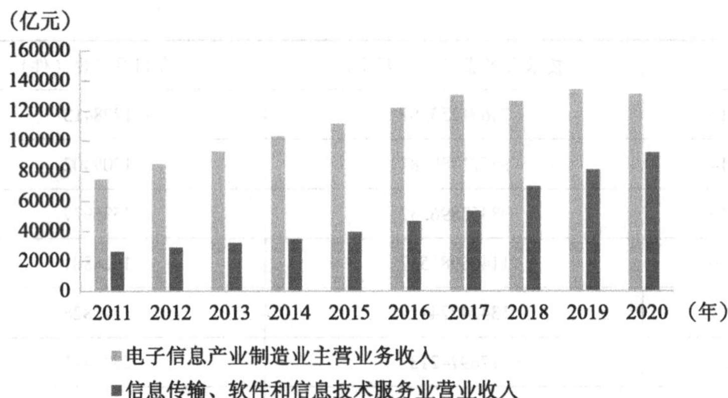


**图3-3 2011—2020年中国数字制造业和信息服务业发展情况**

数据来源：根据《中国电子信息产业统计年鉴》《中国第三产业统计年鉴》数据资料整理。

如图3-4所示，近十年，我国软件业务收入和电信业务总量也在快速上涨。2011—2020年我国软件业务收入稳定增长，2011年软件业务收入仅为18848.99亿元，至2020年已经增长到了81585.91亿元，是2011年的4.32倍；电信业务总量在2011—2017年增速较慢，年均增长2645.16亿元，在2017—2018年实现了快速增长，2018年电信业务总量为65633.91亿元，是2017年的2.38倍、2011年的5.60倍，在2018年之后，电信业务总量进一步提升，年均增长率达到27.73%，电信业务行业发展趋势良好。

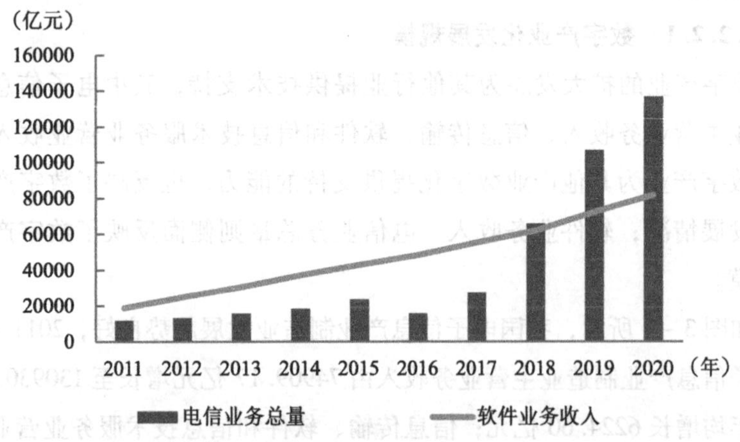


**图3-4 2011—2020年中国电信业务及软件业务发展情况**

数据来源：根据《中国统计年鉴》数据资料整理。

由此可见，电子信息产业制造业、信息传输、软件和信息技术服务业、电信相关行业发展增长态势明显，数字产业化的良好发展为数字经济发展注入了全新活力。

#### 3.2.2.2 数字产业化行业规模

数字产业化行业的从业人员规模和企业数量规模也是反映数字产业化发展的重要指标，良好的人力资本和充足的就业机会是数字产业化发展的重要助力。

如表3-3所示，2011—2020年中国电子信息产业制造业企业个数持续上升，增长速度较为平缓，由2011年的15054个企业增长到2020年的24334个企业，年均增加1031个企业。如图3-5所示，近十年信息传输、软件和信息技术服务业行业规模持续增大，从业人员从2011年的484.6万人增长到2020年的1095.2万人，年均增长率达到9.48%，其中2017—

**表3-3　2011—2020年中国电子信息产业制造业企业发展情况**　单位：个

| 年份 | 2011 | 2012 | 2013 | 2014 | 2015 | 2016 | 2017 | 2018 | 2019 | 2020 |
|---|---|---|---|---|---|---|---|---|---|---|
| 企业数 | 15054 | 16587 | 17966 | 18727 | 19905 | 21011 | 22561 | 23565 | 25104 | 24334 |

数据来源：根据《中国电子信息产业统计年鉴》数据资料整理。

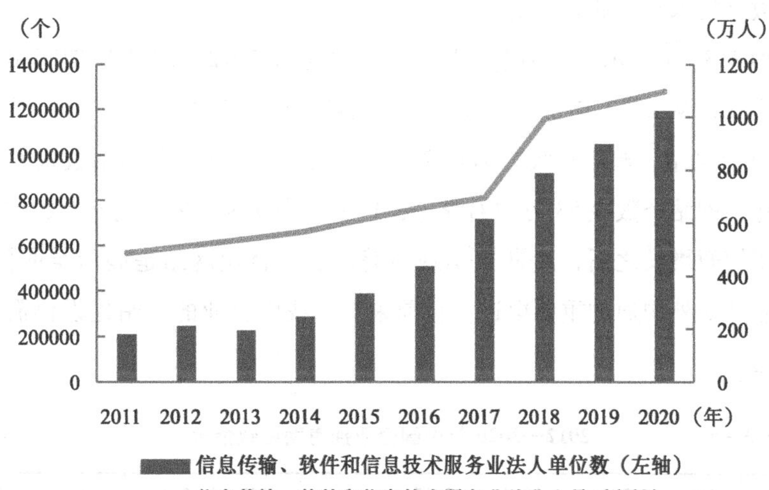


**图3-5　2011—2020年中国信息传输、软件和信息技术服务业情况**

数据来源：根据《中国统计年鉴》《中国第三产业统计年鉴》数据资料整理。

2018 年涨势迅猛，增长率达到 42.67%；信息传输、软件和信息技术服务业法人单位数持续增加，2020 年已经增加到 1192617 个单位，为 2011 年的 5.71 倍，且后 5 年增速明显快于前 5 年，2011—2015 年法人单位数年均增长率为 16.73%，而 2016—2020 年年均增长率为 23.80%，可见信息传输、软件和信息技术服务业法人单位数增长情况有加快趋势，数字产业化发展的企业基础和人才基础扎实，能够为数字产业化发展提供支持。

### 3.2.3 产业数字化发展现状

产业数字化发展是利用数字技术对传统产业进行改造，促进产业升级，提高产业生产效率，是当前提高数字经济发展水平的重要手段，本部分从数字融合基础和数字融合应用两个方面对我国数字产业化发展情况展开描述。

#### 3.2.3.1 数字融合基础

数字技术与传统产业进行融合，提升企业生产效率这一过程主要是以企业为载体的，因此选取企业拥有网站数情况和有电子商务的企业个数来反映数字技术与企业融合情况。

如表 3－4 所示，中国企业拥有网站个数在 2012—2014 年期间实现了短暂增长，从 2012 年的 390012 个增长到 2014 年的 486884 个，增长了 133729 个网站，幅度较大。但在 2014 年之后，企业拥有网站数未发生较大变化，网站个数在 53 万左右浮动，这表明中国企业拥有网站个数在前期实现了短暂增长之后，后期未实现显著增长。企业网站是展示企业信息、实现企业对外沟通的重要渠道。目前来看，我国企业的网站建设仍需进一步加强。

**表 3－4　2012—2020 年中国企业拥有网站数情况**　单位：个

| 年份 | 2012 | 2013 | 2014 | 2015 | 2016 | 2017 | 2018 | 2019 | 2020 |
|---|---|---|---|---|---|---|---|---|---|
| 网站数 | 390012 | 486884 | 523741 | 523340 | 532292 | 541127 | 527843 | 534190 | 553466 |

数据来源：根据《中国统计年鉴》数据资料整理。

从电子商务企业的发展情况来看（见图3-6），2011—2020年我国有电子商务活动的企业个数总体呈现增长趋势，仅在2016—2017年数量有所下降。2020年有电子商务活动的企业达到了2011年的4.02倍，可见我国电子商务在企业中普及良好。从有电子商务活动企业的增长速度来看，2013—2016年是我国电子商务发展的黄金时期，有电子商务活动的企业数量年均增长率达到了32.39%，这是由于互联网技术的发展，4G通信技术加快了网络沟通，同时互联网普及程度上升，人民对电子商务的需求提升，电子商务成为企业进一步发展的重要手段。

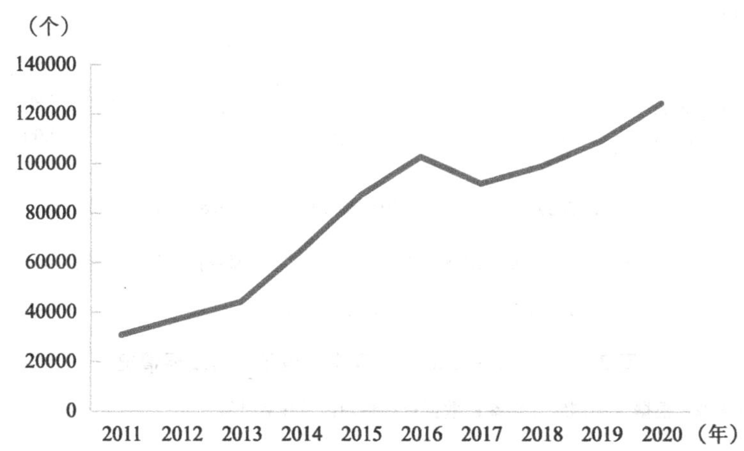


**图3-6　2011—2020年中国电子商务企业个数情况**

**数据来源：根据《中国统计年鉴》数据资料整理。**

#### 3.2.3.2　数字融合应用

数字技术的发展为许多行业的进一步发展提供了机遇，数字金融、两化融合发展、电子商务等领域都是数字技术在传统产业的应用，因此选取了企业电子商务销售额和采购额作为反映数字融合应用的主要指标进行描述。

如图3-7所示，我国企业电子商务发展迅速，2011—2020年电子商务销售额增长了16795.51亿元，达到189334.70亿元，实现了年均28.7%的增长速度；同期电子商务采购额也实现了较大规模的增长，2020年的电子商务采购额达到了109133.41亿元，是2011年的6.21倍，电子商务已经成为企业的重要盈利方向。同时，我国电子商务交易市场规模持续扩大，2011 年我国企业电子商务交易占当年 GDP 比重为 3.84%，到 2020 年这一比重已经增长到 14.79%，可见我国电子商务发展良好，成为促进数字经济发展的重要抓手。

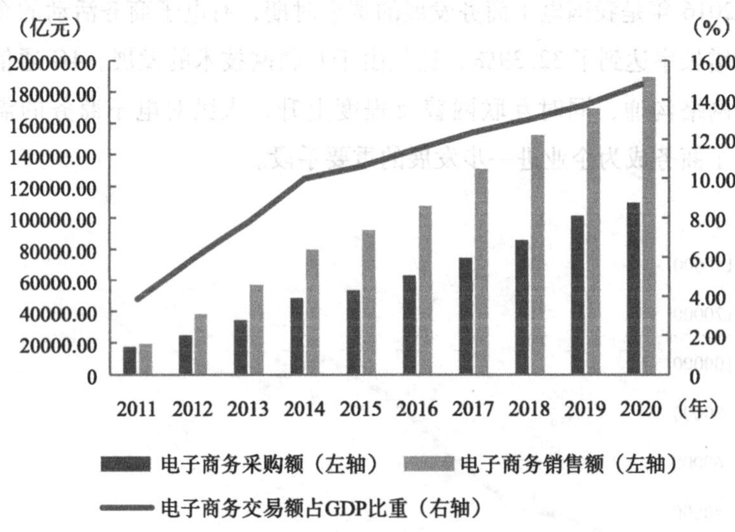


**图 3-7 2011—2020 年中国企业电子商务发展情况**

数据来源：根据《中国统计年鉴》数据资料整理以及作者计算。

## 3.3 我国数字经济发展水平综合测度

### 3.3.1 指标体系构建

基于前文对数字经济发展相关指标的描述性分析，选择从数字经济发展基础、数字产业化发展、产业数字化发展 3 个维度构建我国数字经济发展评价指标体系。由于部分指标在省级层面缺失严重，最终选取了 20 个基础指标对数字经济发展情况进行测度，数据主要来源于《中国统计年鉴》

《中国电子信息产业统计年鉴》和《中国第三产业统计年鉴》。

在数据处理上主要做了以下工作：（1）通过Stata软件对缺失年份数据进行了补充；（2）由于部分绝对值指标受限于地区经济发展水平和人口规模因素，本书对这些指标进行了相对化处理。

综上所述，结合现有文献对数字经济内涵的说明，本书以数字经济发展基础、数字产业化发展、产业数字化发展为一级指标，数字基础设施、数字用户基础、创新环境基础、数字产业经营规模、数字产业行业规模、数字融合基础、数字融合应用为二级指标，构建了包含20个三级指标的数字经济评价指标体系，具体如表3－5所示。

**表3－5　　中国数字经济评价指标体系**

| 一级指标 | 二级指标 | 基础指标 | 权重 |
|---|---|---|---|
| 数字经济发展基础 | 数字基础设施 | 光缆密度（1/公里） | 0.0796 |
| | | 移动电话基站密度（个/平方公里） | 0.0902 |
| | 数字用户基础 | 互联网普及率（户/人） | 0.0247 |
| | | 移动电话普及率（部/百人） | 0.0186 |
| | 创新环境基础 | R&D经费占GDP比重（%） | 0.0281 |
| | | 地方财政科技支出占比（%） | 0.0426 |
| | | 技术市场成交额占GDP比重（%） | 0.1029 |
| 数字产业化发展 | 数字产业经营规模 | 电子信息产业制造业主营业务收入占GDP比重（%） | 0.0637 |
| | | 信息传输和计算机服务及软件业营业收入占GDP比重（%） | 0.0816 |
| | | 软件业务收入占GDP比重（%） | 0.0787 |
| | | 人均电信业务量（元） | 0.0816 |
| | 数字产业行业规模 | 信息传输和计算机服务及软件业从业人数占比（%） | 0.0581 |
| | | 电子信息制造业企业占比（%） | 0.0449 |
| | | 信息传输、软件和信息技术服务业法人单位占比（%） | 0.0250 |
| | | 信息传输和计算机服务及软件业固定资产投资占比（%） | 0.0242 |

续表

| 一级指标 | 二级指标 | 基础指标 | 权重 |
|---|---|---|---|
| 产业数字化发展 | 数字融合基础 | 每百家企业拥有网站数（个） | 0.0056 |
| | | 有电子商务活动的企业占比（%） | 0.0282 |
| | 数字融合应用 | 电子商务采购额占 GDP 比重（%） | 0.0549 |
| | | 电子商务销售额占 GDP 比重（%） | 0.0501 |
| | | 数字金融化程度（%） | 0.0168 |

关于各指标的解释如下。

#### 3.3.1.1 数字经济发展基础

数字经济发展基础是数字经济平稳发展的重要保障，也是决定数字经济发展速度的重要因素。本书从数字基础设施、数字用户基础、创新环境基础3个方面选取了光缆密度、移动电话基站密度、互联网普及率、移动电话普及率、R&D 经费占 GDP 比重、地方财政科技支出占比和技术市场成交额占 GDP 比重反映数字经济发展基础情况。

光缆密度（X1）。光缆是进行网络通信传输的重要介质，光缆线路建设情况能够反映一个地区的信息传输效率。由于我国部分区域辖区较大，地广人稀，直接选用光缆线路长度有失代表性，因此选用各行政区域面积对光缆线路长度进行处理，以削弱区域面积对光缆长度造成的影响。计算公式为：光缆密度 = 光缆线路长度/行政区划面积。

移动电话基站密度（X2）。各地区移动电话基站的密集程度反映了该地区移动通信网络的覆盖范围和建设情况。计算公式为：移动电话基站密度 = 移动电话基站数量/行政区域面积。

互联网普及率（X3）。互联网普及率指互联网宽带接入用户占总人口的比重，反映了地区宽带通信网络的覆盖程度和建设情况。计算公式为：互联网普及率 = 互联网接入用户数/年末总人数。

移动电话普及率（X4）。移动电话普及率指某一地区每 100 个人中所拥有移动电话的数量，反映了该地区通信移动终端的普及程度以及移动网络的应用程度。

R&D 经费占 GDP 比重（X5）。R&D 经费是企业投入的科学技术研发经费，反映了企业对科技研发的重视和支持程度，也是反映地区科技创新实践程度的重要指标。考虑到各地区经济发展水平差异对 R&D 经费的影响，本书选取 R&D 经费占 GDP 比重来衡量地区科技投入水平。

地方财政科技支出占比（X6）。地方财政科技支出占比指政府在财政支出中在科学技术上的投入所占的比重，从国家和政府角度反映了国家或地区对科技创新方面的重视程度。

技术市场成交额占 GDP 比重（X7）。技术市场成交额能够反映科学技术发展的成果，可以从产出角度反映技术市场发展情况，并在一定程度上反映了数字经济的科技创新基础。在此，选择相对指标削弱经济因素对技术市场成交额的影响。

#### 3.3.1.2 数字产业化发展

数字产业化发展是数字经济发展的支撑力量，也是数字技术转化为实体产业的具体情况，本书从经营规模和行业规模两方面选取电子信息产业制造业主营业务收入占 GDP 比重、信息传输和计算机服务及软件业营业收入占 GDP 比重、软件业务收入占 GDP 比重、人均电信业务量、信息传输和计算机服务及软件业从业人数占比、信息传输和计算机服务及软件业固定资产投资占比、电子信息制造业企业占比和信息传输、软件和信息技术服务业法人单位数占比 8 个相对数指标来反映数字产业化发展情况。

电子信息产业制造业主营业务收入占 GDP 比重（X8）。电子信息产业制造业主营业务收入反映了制造计算机通信设备、雷达等电子产品获得的收入，该指标能够反映各地区数字产品制造业的发展情况。

信息传输和计算机服务及软件业营业收入占 GDP 比重（X9）。该指标指数字技术服务业营收占 GDP 的比重，反映了各地区数字技术服务业的发展程度。

软件业务收入占 GDP 比重（X10）。软件行业是数字经济发展的主要行业和重要支柱。软件业务收入占比指软件行业业务收入占当年 GDP 之比，从收入角度反映了数字产业化发展水平。

人均电信业务量（X11）。人均电信业务量指每人每年的电信业务支出，反映了通讯产业发展水平，通信业是数字产业化的重用组成部分。计算公式为：人均电信业务量=电信业务总量/年末总人数。

信息传输和计算机服务及软件业从业人数占比（X12）。信息传输和计算机服务及软件业从业人数占比指从事该行业的人数占全社会城镇就业人数的比重。信息传输和计算机服务及软件业是数字经济产业体系中具有代表性的产业，其从业人数占比在一定程度上体现了数字经济产业的就业规模。

信息传输和计算机服务及软件业固定资产投资占比（X13）。该指标指信息传输和计算机服务及软件业固定资产投资占当年全部行业固定资产投资的比重，反映地区数字经济产业的固定资产投资规模。

电子信息制造业企业占比（X14），指电子信息产业制造业企业数量占有信息化行为的企业数量的比重，反映了数字制造业的行业规模。

信息传输、软件和信息技术服务业法人单位数占比（X15）。信息传输、软件和信息技术服务业法人单位数占全部行业法人单位数的比重反映了数字服务业的行业规模。

#### 3.3.1.3 产业数字化发展

数字经济与传统经济发展相互融合，互促互进，特别是数字经济的发展深刻影响着传统经济的转型、改革，数字化技术不断对传统经济渗透和覆盖，数字信息、数字平台不断赋能传统经济，这些都促进传统经济生产技术创新以及经营方式革新，提高生产率，促进发展，这一过程被称为产业数字化。本书从数字融合基础和数字融合应用两个角度选取每百家企业拥有网站数、有电子商务活动的企业占比、电子商务采购额占 GDP 比重、电子商务销售额占 GDP 比重、数字金融化程度 5 个指标反应产业数字化发展情况。

每百家企业拥有网站数（X16）。从每一百个企业拥有网站的数量可以反映出基于互联网这一媒介传统经济与数字经济的融合程度。

有电子商务活动的企业占比（X17）。利用有电子商务销售、采购或与之相关业务活动的企业占全部企业的比重，反映了数字经济在传统行业渗透的规模。

电子商务销售额占 GDP 比重（X18）。该比重是企业在互联网平台下进行各种商品和服务的交易所获得的全部收益占当年GDP的比重，反映了产业数字化的产出情况。

电子商务采购额占GDP比重（X19）。该比重指企业在电子商务交易活动中采购业务资金占GDP的比重，反映了产业数字化过程中采购业务运行规模。

数字金融化程度（X20）。数字金融化程度反映了数字技术与金融业的融合水平，是反映产业数字化水平的重要指标之一。

### 3.3.2　数字经济发展水平测算方法

在前文构建的中国数字经济评价指标体系基础上，本部分利用熵权法对数字经济发展指数进行测算。在相关统计年鉴中搜集2011—2020年中国30个省（市、自治区）的面板数据（除西藏自治区、香港特区、澳门特区、台湾地区），首先利用熵权法对指标进行赋权，得到的指标权重如表3-5中所示，随后对数字经济发展指数进行测算，具体步骤如下。

（1）构建初始数据矩阵。

设有$m$个省（市、自治区），$n$个指标，$x_{ijt}$表示第$i$（$i=1,2,\cdots,m$）个省（市、自治区）的第$t$（$t=1,2,\cdots,z$）年的第$j$（$j=1,2,\cdots,n$）项指标，构成2011—2020年全国30个省（市、自治区）初始数据矩阵$X=\{x_{ijt}\}_{m*z*n}$。

（2）数据标准化处理。

由于本书所选取指标均为正向指标，因此数据标准化处理如下：

$$x'_{ijt}=\frac{x_{ijt}-x_j^{\min}}{x_j^{\max}-x_j^{\min}} \tag{3-1}$$

（3）数据平移。

由于部分数据较小，在进行标准化后产生0，本书对标准化后的数据进行平移，其中$H$为平移幅度，取0.01。

$$x''_{ijt}=x'_{ijt}+H \tag{3-2}$$

（4）确定指标权重。

$$y_{ijt} = x''_{ijt} / \sum_{i=1}^{m} x''_{ijt} \tag{3-3}$$

(5) 计算指标熵权。

$$e_j = -k \sum_{i=1}^{m} (y_{ijt} * \ln y_{ijt}) \tag{3-4}$$

其中 $k = 1/\ln(m)$。

(6) 计算各指标的权重。

$$w_j = 1 - e_j / \sum (1 - e_j) \tag{3-5}$$

(7) 计算综合发展指数。

$$x_{it} = \sum_{1}^{j} x_{ijt} * w_j \tag{3-6}$$

### 3.3.3 我国数字经济发展水平整体分析

基于上文公式进行求解，得出各指标权重如表3-5所示，进一步计算得出数字经济发展水平，为保留更多有效数字，本书对计算出的数字经济发展水平指数扩大了100倍，得到了我国2011—2020年30个省（市、自治区）数字经济发展指数（见表3-6）。

表3-6 2011—2020年中国数字经济发展指数描述性统计

| 年份 | 观测值 | 平均值 | 标准差 | 极差 | 四分位差 |
|---|---|---|---|---|---|
| 2011 | 30 | 9.31 | 7.64 | 31.80 | 5.12 |
| 2012 | 30 | 10.60 | 8.53 | 36.12 | 5.39 |
| 2013 | 30 | 11.85 | 9.46 | 40.75 | 5.75 |
| 2014 | 30 | 13.14 | 10.35 | 44.73 | 6.52 |
| 2015 | 30 | 14.97 | 10.74 | 46.49 | 6.95 |
| 2016 | 30 | 15.75 | 10.52 | 45.03 | 7.75 |
| 2017 | 30 | 17.20 | 10.98 | 49.89 | 7.82 |
| 2018 | 30 | 20.21 | 11.95 | 53.82 | 7.78 |
| 2019 | 30 | 23.27 | 12.70 | 56.56 | 7.83 |
| 2020 | 30 | 25.68 | 13.62 | 62.07 | 7.49 |

首先，如表3-6所示，中国数字经济发展水平在时间上呈现出3个较为明显的特征：（1）全国数字经济发展水平增速较快，30个省（市、自治区）的平均值从9.31上升到了25.68，年均增长11.94%；（2）同时期各省（市、自治区）数字经济发展水平的标准差逐渐增大，从2011年的7.64增长到了2020年的13.62，增长了78.22%，说明样本期间各省（市、自治区）之间的数字经济发展水平逐渐离散，随着时间的推移，样本省份之间的数字经济发展水平逐渐差异化；（3）各省份之间数字经济发展水平差距逐渐拉大，2011年，30个省（市、自治区）数字经济指数的极差为31.80，四分位差为5.12，到2020年，这2个指标的值已经增长到了62.07和7.49，说明数字经济发展水平较高的省份与较低的省份之间存在明显的鸿沟。

其次，从各分项的发展情况来看，数字经济发展基础、数字产业化发展和产业数字化发展均呈现上升趋势，但近年来增速有所放缓。

如表3-7所示，数字经济发展基础水平在2020年达到了23.06，是2011年的2.5倍，可见我国数字基础发展良好，移动通信能力和科技创新环境近年来得到了较大提升，但数字经济发展基础水平增长速度自2018年开始有所下降，2019年和2020年的增速分别为10.68%和7.20%，已低于10年的平均增速10.71%，这可能是由于数字基础设施建设已经较为全面，在提出数字中国建设展望后，我国数字基建已较为完善。从数字产业化发展情况来看，我国数字产业化发展势头迅猛，数字产业化发展水平在3项分指数中得分最高。自2016年在杭州举行的G20峰会提出《二十国集团数字经济发展与合作倡议》以来，我国数字产业化发展速度进一步加快，从2011—2016年的年均增长5.93%上升到了2016—2020年的年均增长15.69%，特别是在2017—2018年实现了最大增幅，得分增加了4.31分，涨幅高达28.06%，可见我国将数字技术转化为实际产业的能力较强。在产业数字化发展方面，2011—2015年，我国产业数字化增长速度较快，2015年产业数字化水平是2011年的2.94倍，年均增长达到30.99%，但在2015年之后，产业数字化发展速度下降，甚至在2017年产业数字化水平出现了倒退。数字经济的重要特点在于融合，随着前期数字技术在传统产业大量应用和渗透，产业数字化迎来较快的发展，但随着时间的推移，部分数字技术与传统产业的融合面临困难，这也是导致产业数字化后期发展速度较慢的原因之一。

表3-7　2011—2020年中国数字经济发展分指数

| 年份 | 综合得分 | 数字经济发展基础 | 数字产业化发展 | 产业数字化发展 |
|---|---|---|---|---|
| 2011 | 9.31 | 9.23 | 10.01 | 7.42 |
| 2012 | 10.60 | 10.76 | 10.67 | 10.03 |
| 2013 | 11.85 | 12.03 | 11.37 | 12.82 |
| 2014 | 13.14 | 13.05 | 11.72 | 17.54 |
| 2015 | 14.97 | 14.16 | 13.32 | 21.83 |
| 2016 | 15.75 | 15.55 | 13.35 | 23.29 |
| 2017 | 17.20 | 17.22 | 15.38 | 22.52 |
| 2018 | 20.21 | 19.44 | 19.69 | 23.67 |
| 2019 | 23.27 | 21.51 | 24.25 | 24.76 |
| 2020 | 25.68 | 23.06 | 27.67 | 26.31 |

### 3.3.4　分区域数字经济发展水平分析

我国地域广阔，行政区划众多，经济社会发展区域差异较大，为科学、全面地反映我国不同区域数字经济发展状况，下文将我国的30个省份划分为东部、中部、西部和东北部四大经济区域进行分析。其中，东部包括的地区有北京市、天津市、河北省、上海市、江苏省、浙江省、福建省、山东省、广东省、海南省；中部包括的地区有山西省、安徽省、江西省、河南省、湖北省、湖南省；西部包括的地区有内蒙古自治区、广西壮族自治区、重庆市、四川省、贵州省、云南省、陕西省、甘肃省、青海省、宁夏回族自治区、新疆维吾尔自治区；东北部包括的地区有辽宁省、吉林省、黑龙江省。依据此划分标准测算的各经济区域中各省份数字经济平均发展水平如表3-8所示。

表3-8　　2011—2020年中国分区域数字经济发展水平

| 地区 | 2011年 | 2012年 | 2013年 | 2014年 | 2015年 | 2016年 | 2017年 | 2018年 | 2019年 | 2020年 |
|---|---|---|---|---|---|---|---|---|---|---|
| 东北 | 0.34 | 0.56 | 0.73 | 1.02 | 1.25 | 1.39 | 1.73 | 1.95 | 2.42 | 2.90 |
| 东部 | 4.48 | 5.05 | 5.68 | 6.11 | 6.78 | 6.97 | 7.37 | 8.11 | 8.89 | 9.51 |
| 中部 | 1.40 | 1.73 | 2.07 | 2.38 | 2.88 | 3.14 | 3.46 | 3.94 | 4.38 | 4.77 |
| 西部 | 1.70 | 1.90 | 2.10 | 2.36 | 2.86 | 3.12 | 3.30 | 3.80 | 4.16 | 4.47 |

我国四大经济区域中各省数字经济发展平均水平变化趋势如图3-8所示，可以看出四大经济区域数字经济发展水平总体呈现上升趋势。东部地区依据其良好的科技基础和经济基础常年处于领先地位，数字经济发展水平自2011年以来就遥遥领先于其他经济区，在2011—2020年，数字经济发展水平增加了5.03，是四大经济区域中增长幅度最大的。但由于其数字经济发展基础好，体量大，增长速度是四大经济区域中最慢的，年均增速只有8.72%。中部地区和西部地区之间数字经济发展水平差距较小，2011年中部数字经济发展水平为1.40，落后于西部地区的1.70，但随着中部崛起战略的实施，中部地区数字经济发展水平年均增速达到14.61%，在2015年实现了对西部地区的反超，随后一直保持领先于西部，追赶东部的地位。东北部地区数字经济平均发展水平常年落后于其他经济区域。东北地区由于工业结构相对比较落后，数字经济发展初始程度较低，但随着工业基地转型升级，及重视数字经济对传统工业的改造，东北地区数字经济发展速度在四大经济区域中的最快，年均增速达到27%。东北地区具有良好的数字经济发展空间。

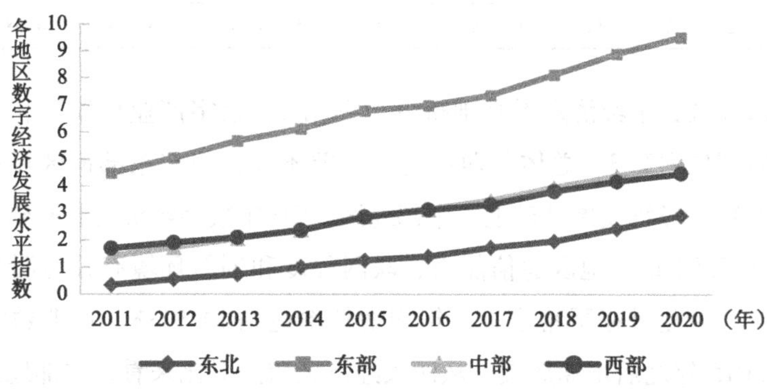


图3-8　2011—2020年中国分区域数字经济发展水平变化趋势

如表3－9所示，东部地区在数字经济发展基础、数字产业化发展和产业数字化发展3个方面常年始终领先地位，在3个维度的得分基本保持在同时期其他三大经济区域的2倍以上，其数字经济发展基础得分和产业数字化发展得分在10年间平稳发展，年均增长分别为9.65%和6.81%；而产业数字化发展得分在2011—2015年上升迅速，5年内上升了4.97，在2015年之后上升速度缓慢，仅上升了1.09，因此东部地区要进一步提升数字经济发展水平，应更加重视数字经济与传统产业的融合发展以及传统产业的数字化，利用数字技术大力提升传统产业生产效率。

**表3－9　2011—2020年分区域分维度数字经济发展水平**

| 地区 | 东北 | | | 东部 | | | 中部 | | | 西部 | | |
|---|---|---|---|---|---|---|---|---|---|---|---|---|
| 指标 | 数字经济发展基础 | 数字产业化 | 产业数字化 | 数字经济发展基础 | 数字产业化 | 产业数字化 | 数字经济发展基础 | 数字产业化 | 产业数字化 | 数字经济发展基础 | 数字产业化 | 产业数字化 |
| 2011年 | 0.27 | 0.52 | 0.07 | 4.33 | 5.07 | 3.53 | 1.25 | 1.26 | 1.98 | 1.31 | 1.80 | 2.20 |
| 2012年 | 0.47 | 0.62 | 0.59 | 4.95 | 5.37 | 4.55 | 1.54 | 1.49 | 2.58 | 1.57 | 1.81 | 2.72 |
| 2013年 | 0.62 | 0.67 | 1.03 | 5.40 | 5.59 | 6.37 | 1.92 | 1.70 | 3.14 | 1.79 | 1.89 | 3.11 |
| 2014年 | 0.75 | 0.95 | 1.65 | 5.92 | 5.74 | 7.24 | 2.22 | 1.76 | 3.98 | 1.93 | 1.92 | 4.06 |
| 2015年 | 0.70 | 1.21 | 2.38 | 6.49 | 6.30 | 8.32 | 2.48 | 2.25 | 4.97 | 2.13 | 2.31 | 5.36 |
| 2016年 | 1.00 | 1.30 | 2.30 | 7.00 | 6.29 | 8.35 | 2.90 | 2.47 | 5.01 | 2.38 | 2.56 | 5.65 |
| 2017年 | 1.30 | 1.85 | 2.28 | 7.46 | 6.79 | 8.41 | 3.42 | 2.81 | 4.90 | 2.72 | 2.92 | 5.16 |
| 2018年 | 1.60 | 1.89 | 2.73 | 8.20 | 7.77 | 8.67 | 3.91 | 3.29 | 5.37 | 3.18 | 3.59 | 5.37 |
| 2019年 | 2.15 | 2.41 | 2.95 | 9.29 | 8.48 | 9.02 | 4.34 | 3.94 | 5.39 | 3.35 | 4.26 | 5.45 |
| 2020年 | 2.42 | 3.25 | 3.06 | 9.92 | 9.21 | 9.41 | 4.78 | 4.41 | 5.53 | 3.56 | 4.68 | 5.68 |

中部地区数字经济发展基础得分位列第2，数字产业化发展和产业数字化发展则位列第3，总体与西部地区相差不大，但与东部地区存在明显差距。在数字经济发展基础上，中部地区2020年数字经济发展基础得分是2011年的3.84倍，地区通信能力、联网程度和创新环境有较为明显的改善，数字产业化进程平稳推进，年均增长率达到14.91%，产业数字化发展则在2015年之后增速放缓。从四大经济区域的对比来看，中部地区的数字经济发展基础水平仍有上升空间，只有打好数字经济发展的良好基础，

才能进一步推动数字产业化和产业数字化的发展。

西部地区与中部地区数字经济发展情况类似，但其数字经济发展基础方面存在明显劣势，数字经济是西部经济发展的契机，也是缩小地区间经济差异的重要力量，因此西部地区应把握数字经济发展机遇，大力发展数字经济。

东北部地区在 3 个维度上的发展与其他经济区域存在明显差距，尽管近年来数字经济发展增速较快，但仍在四大经济区域中排名最后。东北地区作为传统老工业基地，原先以重工业和农业发展为主，产业转型难度较大，数字经济发展基础差，而数字经济能够促进重工业和农业向数字化转型，数字产业化的发展也将为东北地区提供更多的就业机会，因此东北地区要重视数字经济发展基础设施的建设，构建舒适的科研创新环境，推动数字经济与传统产业融合，东北地区在数字经济发展上有仍巨大空间。

### 3.3.5　省级层面数字经济发展水平分析

本部分从省级层面进一步分析我国数字经济发展水平，选择 2011 年和 2020 年 2 年进行展示和比较。

从数字经济发展的空间分布来看，2012 年我国大多数省份数字经济发展水平正处于起步阶段，仅有部分东部地区数字经济发展水平较好，2012 年数字经济发展水平大于 9 的省份共有 9 个（分别是北京、上海、广东、江苏、天津、浙江、福建、山东和辽宁），其中除辽宁位于东北外，其他 8 个省份全部位于东部地区。首先是由于东部地区地理位置优越，大多为临海省份，对外交流频繁，经济发达，技术应用速度位于全国前列，因此具有良好的数字经济发展基础和数字经济融合基础，这导致东部地区省份数字经济发展水平位于全国前列。其次，数字经济发展水平最低的省份主要位于西部地区，其中 2011 年甘肃、青海、内蒙古和新疆地区数字经济发展水平低于 3.75，与发达地区数字经济发展水平存在明显差距，主要是因为这些地区数字经济发展基础薄弱，缺乏足够资金建设数字经济基础设施，数字产业融合发展进程缓慢。最后，各省份中数字经济发展情况最好的是北京市，数字经济发展水平达到了 35.41，这也是所有省份中唯一发展水平超过30的省份。北京市作为我国的首都，有着良好的数字通讯基础设施，高素质人才众多，创新环境良好，为数字产业融合和数字技术产业化提供了良好的发展环境。

相较于2011年，2020年的数字经济发展水平发生了明显变化。首先，大部分省份的数字经济发展水平与2011年相比都有较大幅度的提升，各省份的数字经济发展水平基本在13.34以上，曾经数字经济发展水平最高的北京市已达到75.41。其次，数字经济发展水平较高的省份分布在长三角地区（如江苏、上海、浙江）、珠三角地区（如广东）以及京津冀地区（如北京、天津），这些地区经济发展水平位于我国前列，区域间经济、技术交流频繁，共同促进了数字经济发展水平的提升。再次，数字经济发展水平低的区域发生了变化，中部地区大多数省份数字经济发展摆脱了低水平；数字经济发展水平较低的区域从西部转变为了东北部，这主要是因为相较于其他区域，东北地区产业以重工业为主，产业转型较慢，且人口流失较为严重，使得该地区数字经济发展缓慢。最后，从表3-10来看，尽管青海、甘肃等数字经济发展水平靠后的省份发展速度较快，平均发展速度达到了17.5%以上，但由于其基础薄弱，数字经济发展水平与北京、上海、江苏等高数字经济发展水平省份之间的差距不仅没有缩小，反而被进一步拉大。总体上各省份数字经济发展水平存在较大鸿沟。

**表3-10　2011—2022年中国各省数字经济发展增速排名情况**

| 省份 | 平均增长率（%） | 排名 | 省份 | 平均增长率（%） | 排名 | 省份 | 平均增长率（%） | 排名 |
|---|---|---|---|---|---|---|---|---|
| 青海 | 18.59 | 1 | 江西 | 15.40 | 11 | 黑龙江 | 12.85 | 21 |
| 甘肃 | 17.95 | 2 | 海南 | 15.33 | 12 | 天津 | 11.18 | 22 |
| 内蒙古 | 17.41 | 3 | 湖北 | 14.92 | 13 | 浙江 | 11.08 | 23 |
| 贵州 | 17.36 | 4 | 广西 | 14.79 | 14 | 山东 | 10.56 | 24 |
| 河南 | 16.96 | 5 | 云南 | 14.78 | 15 | 辽宁 | 9.27 | 25 |
| 宁夏 | 16.82 | 6 | 重庆 | 14.69 | 16 | 上海 | 9.00 | 26 |
| 河北 | 16.80 | 7 | 湖南 | 14.22 | 17 | 北京 | 8.76 | 27 |
| 新疆 | 16.54 | 8 | 陕西 | 13.94 | 18 | 福建 | 8.48 | 28 |
| 山西 | 15.72 | 9 | 安徽 | 13.79 | 19 | 广东 | 7.43 | 29 |
| 吉林 | 15.66 | 10 | 四川 | 13.33 | 20 | 江苏 | 6.92 | 30 |

在对各省份数字经济发展水平进行可视化处理后，本书利用四分位数将数字经济发展水平分为了4个层级：数字经济发展一线、二线、三线、四线省份，表3－11、表3－12展示2011年和2020年我国各省级行政区数字经济发展分级情况（排名分先后）。

**表3－11　　2011年中国各省份数字经济发展水平分级情况**

| 数字经济发展水平分级 | 包含省份 | 数字经济发展水平均值 |
|---|---|---|
| 一线 | 北京、上海、广东、江苏、天津、浙江、福建、山东 | 19.63 |
| 二线 | 辽宁、安徽、重庆、四川、陕西、湖北、湖南 | 7.70 |
| 三线 | 江西、海南、广西、吉林、河南、云南、贵州 | 5.08 |
| 四线 | 宁夏、黑龙江、河北、山西、新疆、内蒙古、青海、甘肃 | 4.09 |

**表3－12　　2020年中国各省份数字经济发展分级情况**

| 数字经济发展水平分级 | 包含省份 | 数字经济发展水平均值 |
|---|---|---|
| 一线 | 北京、上海、广东、天津、浙江、江苏、重庆、安徽 | 42.95 |
| 二线 | 陕西、福建、山东、湖北、四川、江西、辽宁 | 23.63 |
| 三线 | 湖南、海南、贵州、河南、宁夏、河北、广西 | 19.24 |
| 四线 | 吉林、青海、山西、云南、甘肃、内蒙古、新疆、黑龙江 | 15.84 |

如表3－11和表3－12所示，2011—2020年，中国各省份数字经济发展排名出现了一定变化。首先，北京、上海和广东仍然占据数字经济发展的前3名，其良好的经济环境和科研环境为数字经济发展提供了良好支持；其次，随着时间的推移，重庆和安徽从数字经济发展二线省份的梯队上升到了一线省份的梯队，而福建和山东发展水平排名略有下降；再次，东北三省数字经济发展排名出现了较为严重的下滑，辽宁、吉林和黑龙江在10年间排名分别下降了6、4、6个名次，数字经济发展水平相对其他省份有所倒退；最后，除上述提到的省份外，其他省份排名略有变动，但大多未能实现梯度的跨越。

从数字经济发展水平均值的变化来看，2011年数字经济发展一线省份与数字经济发展二线省份之间存在较大差异，而数字经济发展二线省份与数字经济发展三线及四线省份之间差异较小，数字经济发展三线省份赶超二线省份存在较大的可能性；而到了2020年，各个层级的省份数字经济发展水平差距明显拉大，数字经济发展一线与二线的差异已经从2011年的11.93拉大到了19.32，而数字经济发展四线省份发展成为三线省份的难度也有所上升，侧面反映出各省份实现数字经济跨越发展难度变大。当前我国存在较为明显的数字鸿沟。

## 3.4 我国数字经济空间相关性分析

### 3.4.1 空间相关性测度方法

地区与地区之间存在着广泛的经济联系，一般而言，地区之间的经济联系紧密程度与地区之间的距离有很大关系，这就是空间效应。如果存在空间效应，利用传统OLS估计回归模型会存在一定的偏误，可以选择使用空间计量模型。空间计量经济学研究回归模型中的空间相互作用和空间结构，即空间自相关和不均匀性，其主要步骤可以分为以下几点。

#### 3.4.1.1 构建空间权重矩阵

空间权重矩阵是进行空间计量统计与分析的必要步骤。构建空间权重矩阵的数据$\omega_{ij}$反映了$i$区域与$j$区域之间的距离，该距离可根据研究需要，依据地理位置或经济情况自行构建。空间计量模型常用的权重矩阵大体可以分为4类：邻接权重矩阵、经济权重矩阵、反距离权重矩阵以及嵌套权重矩阵。其矩阵形式表示为：

$$W = \begin{bmatrix} \omega_{11} & \cdots & \omega_{1n} \\ \vdots & \ddots & \vdots \\ \omega_{n1} & \cdots & \omega_{nn} \end{bmatrix}$$

对于空间邻接距离矩阵而言，常用的形式有两种，如下：

$$\omega_{ij}=\begin{cases}1，当空间单元 i 和 j 拥有共同边界\\0，当空间单元 i 和 j 没有共同边界，或 i=j\end{cases} \tag{3-7}$$

$$\omega_{ij}(D)=\begin{cases}1，当空间单元 i 和 j 的距离 d_{ij}\leqslant D\\0，当空间单元 i 和 j 的距离 d_{ij}>D\end{cases} \tag{3-8}$$

对于空间反距离权重矩阵，常用形式有三种，如下：

$$\omega_{ij}=\begin{cases}1/d_{ij}，当空间单元 i 和 j 拥有共同边界\\0，当空间单元 i 和 j 没有共同边界，或 i=j\end{cases} \tag{3-9}$$

$$\omega_{ij}=\begin{cases}1/d_{ij}^2，当 i\neq j\\0，当 i=j\end{cases} \tag{3-10}$$

$$\omega_{ij}=\begin{cases}\exp(-d_{ij}/\bar{d}_{ij})，当 d_{ij}\geqslant D\\0，当 d_{ij}<D\end{cases} \tag{3-11}$$

经济权重矩阵是使用经济和社会因素等更加复杂的权值设定矩阵的方法。比如根据区域间交通运输量、贸易量、人口流动量等规模来确定空间权值，计算不同地区这些变量之间的距离，其中最常用的是基于万有引力定律构建的空间经济距离权重矩阵，常用形式如下：

$$\omega_{ij}=\begin{cases}X_i/\sum_{k\in J_i}X_k,当空间单元 i 和 j 拥有共同边界\\0,当空间单元 i 和 j 没有共同边界,或 i=j\end{cases} \tag{3-12}$$

其中 $X_i$ 为所选择的空间单元 $i$ 的经济变量；$J_i$ 是所有与区域 $i$ 具有共同边界的空间界面集合。

此外，还有部分学者使用嵌套空间权重矩阵，对上述矩阵赋予权重加和，构建形成新的权重矩阵，即

$$W^{\varphi}=\varphi W^{d}+(1-\varphi)W^{e} \tag{3-13}$$

其中 $W^d$ 为反距离权重矩阵；而 $W^e$ 为经济距离权重矩阵；$\varphi$ 为系数，取值范围为 [0，1]。

在进行实证分析时需依据实际要求选取适合的空间权重矩阵。

#### 3.4.1.2 空间自相关检验

研究对象的数据必须存在空间相关性才可以进行空间统计分析，在构建了空间权重矩阵 W 后，一般选择莫兰指数（Moran's I）对区域相关性进

行度量。空间自相关又可以分为全局自相关和局部自相关，因此莫兰指数分为全局莫兰指数和局部莫兰指数 2 类，分别反映空间主体的整体性质和局部性质，其中全局莫兰指数检测的是空间集聚或发散的趋势，但无法报告异常值位置，而局部莫兰指数可以指出异常值位置。在空间自相关检验中，一般先进行全局莫兰指数分析，再进行局部莫兰指数分析。

全局莫兰指数的公式如下：

$$Moran's\ I = \frac{n\sum_{i=1}^{n}\sum_{j-1}^{n}w_{ij}(X_i - \overline{X})(X_j - \overline{X})}{n\sum_{i=1}^{n}\sum_{j-1}^{n}w_{ij}\sum_{i=1}^{n}(X_i - \overline{X})^2} = \frac{\sum_{i=1}^{n}\sum_{j-1}^{n}w_{ij}(X_i - \overline{X})(X_j - \overline{X})}{S^2\sum_{i=1}^{n}\sum_{j-1}^{n}w_{ij}} \tag{3-14}$$

在该式子中，$S^2 = \frac{1}{n}\sum_{i=1}^{n}(X_i - \overline{X})^2; \overline{X} = \frac{1}{n}\sum_{i=1}^{n}X$。其中，$n$ 表示空间区域数量；$X_i$ 是第 $i$ 个空间的变量；$w_{ij}$是空间权重矩阵的元素。

局部莫兰指数的公式可以表示为：

$$Moran's\ I_i = \frac{(x_i - \overline{x})}{S^2}\sum_{j=1}^{n}\omega_{ij}(x_j - \overline{x}) \tag{3-15}$$

莫兰指数 $I$ 的取值一般为 [-1, 1]，其对于空间态势的判断标准是：当全局莫兰指数大于 0，说明具有明显的空间集聚态势，数值越接近于 1 表示具有越强的集聚程度；当莫兰指数小于 0，说明具有分散的空间态势，数值越接近于 -1 表示具有越强的分散态势，不具有空间相关性。对于局部莫兰指数，$I_i>0$ 表示该区域为高 - 高聚集区或低 - 低聚集区；$I_i<0$ 表示该区域为高 - 低聚集区或低 - 高聚集区。

测算全局莫兰指数后，一般会利用局部莫兰指数测度局部空间分布态势，即进行局部空间自相关性分析，具体采用莫兰散点图来展示每个样本点的空间分布状况。莫兰散点图中原点表示的是全局莫兰指数，其 4 个象限代表了样本点偏离原点的不同方向和程度，因此对应 4 种不同的分布类型，分别是：第一象限的样本点表示本地区和临近地区都是高观测值点；

第二象限的样本点表示本地区是低观测值点，而邻近地区是高观测值点；第三象限的样本点表示本地区和临近地区都是低观测值点；第四象限的样本点表示本地区是高观测值点，而邻近地区是低观测值点。

通过莫兰指数检验空间自相关性其原假设为不存在空间自相关性，则备择假设为存在空间自相关性。假设检验统计量为：

$$Z = \frac{I - E\ (I)}{\sqrt{var\ (I)}} \tag{3-16}$$

其中 $E\ (I)$ 为莫兰指数的均值；$var\ (I)$ 为莫兰指数的方差；$Z$ 统计量为莫兰指数的标准化，其渐近于标准正态分布。$Z>0$ 说明存在空间正自相关；$Z<0$ 说明存在空间负自相关；$Z=0$ 说明无法拒绝原假设，即不存在空间自相关。

### 3.4.2 空间相关性结果分析

数字经济是基于互联网信息技术发展而来的新经济形态，互联网具有空间关联属性，因此数字基础设施、数字技术、数字产业均具有空间关联属性，另一方面现有很多研究得出数字经济本身在空间上具有经济关联性，如空间溢出效应。因此，本书选择构建经济距离矩阵，测算数字经济全局莫兰指数和局部莫兰指数，对我国数字经济的空间自相关性进行识别分析。

从全局莫兰指数的变化来看（见表3-13），样本期内数字经济发展水平莫兰指数均显著为正，说明样本省份的数字经济发展水平在空间上存在较强的正相关性，数字经济发展水平高的省份的邻近省份数字经济发展水平也较高，数字经济发展水平低的省份的邻近省份数字经济发展水平也较低，即数字经济发展水平在空间上存在明显的集聚现象，且2011—2020年全局莫兰指数基本在0.6左右，说明样本期内数字经济发展水平的集聚特征并未发生明显变化。

表 3－13　　2011—2020 年中国数字经济发展全局莫兰指数

| 年份 | I | E（I） | sd（I） | z | p |
|---|---|---|---|---|---|
| 2011 | 0.591 | －0.034 | 0.098 | 6.418 | 0 |
| 2012 | 0.592 | －0.034 | 0.097 | 6.465 | 0 |
| 2013 | 0.587 | －0.034 | 0.097 | 6.443 | 0 |
| 2014 | 0.603 | －0.034 | 0.095 | 6.687 | 0 |
| 2015 | 0.594 | －0.034 | 0.096 | 6.560 | 0 |
| 2016 | 0.573 | －0.034 | 0.097 | 6.238 | 0 |
| 2017 | 0.555 | －0.034 | 0.095 | 6.178 | 0 |
| 2018 | 0.548 | －0.034 | 0.095 | 6.130 | 0 |
| 2019 | 0.603 | －0.034 | 0.096 | 6.653 | 0 |
| 2020 | 0.627 | －0.034 | 0.094 | 7.008 | 0 |

从局部莫兰指数来看（见图 3－9、图 3－10），2011 年和 2020 年我国数字经济发展水平的局部莫兰散点图中样本点落入最多的是第三象限，其次是第一象限，只有零星样本点落入第二象限和第四象限。很明显高观测值被低观测值围绕和低观测值被高观测值围绕的样本点非常少，数字经济发展水平的空间关联特征非常明显。

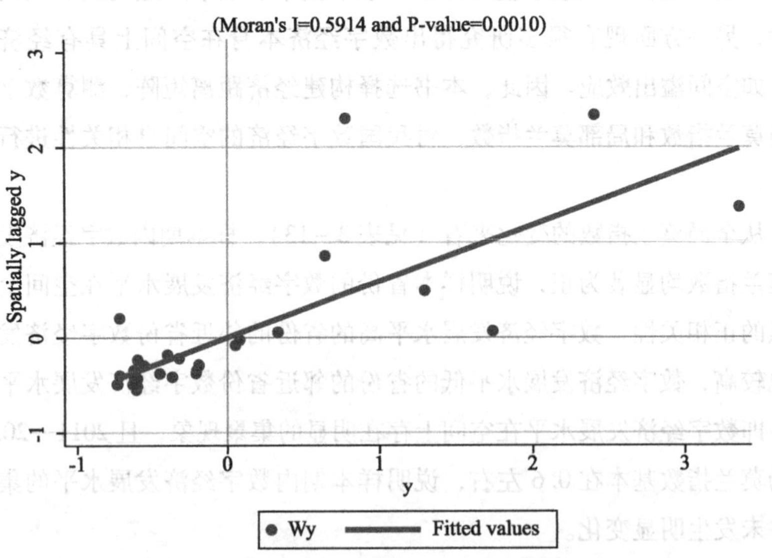


图 3－9　2011 年中国数字经济发展局部莫兰指数

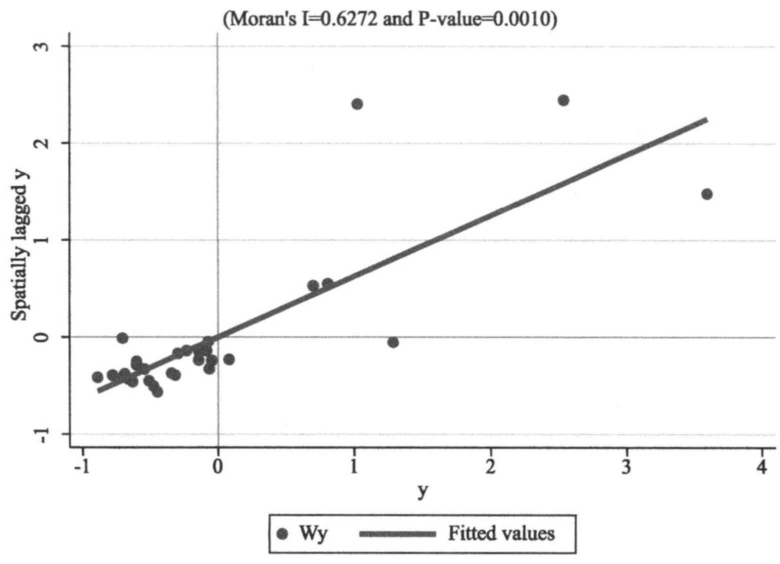


**图 3－10　2020 年中国数字经济发展局部莫兰指数**

# 3.5　本章小结

本章通过对数字经济相关概念、内涵和包含范围等方面的相关研究进行梳理，为构建数字经济发展水平综合评价指标体系提供指标参考和理论依据。随后对我国数字基础设施、数字产业化和产业数字情况进行描述性统计分析，介绍近十年来中国数字经济发展的大致情况。在此基础上，构建数字经济发展水平综合评价指标体系，通过熵权法对中国 30 个省（市、自治区）2011—2020 年数字经济发展水平进行了测度，并对其时空演变特征进行了分析。结果表明，我国数字经济发展水平明显提高，发展势头迅猛，数字经济发展基础成为提升数字经济发展水平的关键，产业数字化发展成为难点。同时，我国数字经济存在明显的空间相关性，但是数字经济发展水平在不同地区间的差距在拉大，数字经济发展的区域异质性明显。

# 第 4 章

# 我国数字经济对区域经济增长的影响研究

随着计算机和互联网的发展，工业经济逐渐在技术革命的推动下向着信息经济、数字经济转化，数字经济在世界经济中逐渐占据重要地位。在当前多极化的国际格局和后疫情时代的背景下，数字经济仍是我国实现自身经济复苏、引领全球经济复苏的重要工具之一。中国信息通信研究院2021年发布的《中国数字经济发展白皮书（2021）》表明数字经济已经成为打造新发展格局的关键要素和复苏经济的新动能，其规模已经从2005年的2.6万亿元扩张到2020年39.2万亿元。近5年内数字经济增速始终高于GDP增速，在新冠肺炎疫情影响严重的2020年，GDP增速仅为3.0%，同年的数字经济增速却高达9.7%。数字经济对三次产业的渗透也在逐年提升，尤其是对第三产业的渗透率最高、增速也最快，在2020年，数字经济占第一、二、三产业增加值比重分别为8.9%、21.0%和40.7%。由数据可见，数字经济在我国经济增长中逐渐占据越来越重要的地位，因此研究数字经济如何加速促进我国经济规模高质量增长成为一项重要的课题，尤其是在经济发展不均衡不充分及疫情常态化的背景下，数字经济对我国区域经济增长的影响在时间、空间上存在着不同的特征，全面分析数字经济对我国区域经济增长的时空影响和效应具有十分重要的意义。

## 4.1 数字经济影响经济增长的文献综述

国外学者Gary和Scott于1998年前瞻性地提出了数字经济将在国家和地区经济增长中扮演重要角色的观点。之后大量对美欧等发达国家及发展中国家的研究也都证实了信息技术、数字经济对经济增长的积极作用。Oliner和Sichel（2000）考察了计算机和相关产业的信息投入对经济增长的作用，发现2000年以后信息技术的投资对经济增长的贡献不断提升。Datta和Agaryal（2004）提出提升信息化程度将通过促进全要素生产率上升而有效推动经济增长。Jorgenson（2007）发现了信息技术资本对美国经济的显著贡献。Thompson和Garbacz（2007）研究认为数字经济能够促进科技创新、加强资源的有效配置，从而有利于提高资源利用效率，有益于经济发展。Mel、Mckenzie 和 Woodruff（2008）通过实证检验发现数字经济通过拉动就业的中介效应促进国民收入增长。Ahmad 和 Schreyer（2016）也指出数字经济作为新的生产要素日益成为经济发展的强大动力。Knickrehm 等（2016）认为数字经济是驱动全球技术创新、产业变革的重要引擎。Salahuddin 和 Gow（2016）研究发现 1991—2013 年间互联网发展显著推动了南非经济增长。Dahlman、Mealy 和 Wermelinger（2016）提出数字经济通过对资本积累和提高劳动生产率的促进作用从而有利于经济增长。Li Kai 等（2020）发现数字经济通过对经济活动、人际互动、政府决策等多方面的渗透，积极拉动就业并促进了经济增长。可见，学者们基本认可数字经济对经济增长的正向促进作用，但是学者们对于不同发展水平地区数字经济发展对经济发展的影响效应具有不同的观点。Dewan 和 Kraemer（2000）、Niebel（2018）均认为数字经济发展对发达国家或高收入地区经济增长的促进作用大于欠发达国家或低收入地区，而 Herbert 等（2011）持有相反的观点。

国内学者的相关研究也基本认同数字经济对经济增长具有正向影响效应。刘达禹等（2021）认为数字经济主要通过技术创新和区域共享提高了各个方面数字化的效率并推动其协同发展，同时也提出数字经济对促进区域经济增长存在着瓶颈效应，数字经济水平发展到一定阶段，逐渐对经济规模增长产生局限。姚志毅和张扬（2021）构建面板协整模型和状态空间模型，实证结果验证了数字经济对我国经济增长整体呈现正向关联。杨文溥（2021）通过构建面板数据门限模型探究了数字经济对于区域经济影响究竟是后发优势还是后发劣势，结论认为数字经济整体上推动了经济发展，但存在拉大区域经济差距的可能，尤其是拉大第三产业发展差距，只有第二产业本身发展较好的地区才能充分发挥数字经济的促进推动作用。范合君和吴婷（2021）构建空间计量模型验证了数字化对于经济增长和技术进步都存在正向影响，且教育水平和资本水平可以加强数字经济和经济增长之间的联系。方福前和田鸽（2021）从居民收入角度入手设计问卷进行调查，依据问卷分析结果构建回归模型，通过分析数字经济对收入差距的影响来反映对包容性经济增长的影响，认为数字经济在推动经济增长的同时，兼顾公平与效率，也推动了经济的包容性增长。毛丰付和张帆（2021）基于全国工商企业注册微观数据，采用PVAR模型探讨了我国数字经济与经济增长之间的关系，研究发现，在数字经济快速发展期其对经济增长有很强的带动作用。杨慧梅和江璐（2021）实证分析了数字经济发展对全要素生产率的影响，认为数字经济发展通过促进全要素生产率推动了区域经济规模增长。黄志等（2022）通过构建时间和个体双固定效应的非线性计量模型验证了数字经济和消费型经济两者间具有“正U形”非线性关系，并将数字经济水平拆分为产业数字化水平和数字产业化水平，分别探究其对消费型经济增长的影响，得出数字产业化的影响相对不显著，两者之间“正U形”的趋势主要是产业数字化的作用。宋旭光（2022）专门研究了数字产业化对实体经济发展的影响，通过非线性双固定效应模型从企业层面和地区层面展开了异质性研究，最终验证了数字产业化通过影响企业生产率推动实体经济发展，且其促进效应存在边际贡献递增规律，并针对数字产业发展、数字经济规模增长、数字资源配置、数字产业化作用机制4个方面提出建设性建议。

还有不少研究从区域差异的角度展开，着重对数字经济对经济增长的异质性影响和空间关联性展开探索。张少华和陈治（2021）认为数字经济促进了区域经济增长，且主要是从产业结构升级和全要素生产率提升两个方面促进的，通过构建面板门限模型，分析得到数字经济对中西部地区和城镇化水平较低的地区经济规模增长的促进作用更明显。鲁玉秀等（2021）利用2003—2018年全国284个城市的面板数据构建空间杜宾模型，将技术创新、市场潜力、产业聚集作为中介变量对数字经济对经济高质量发展的影响效应展开分析，得出数字经济对经济高质量发展存在着明显外溢效应，并且大城市、东部地区数字经济发展对其他城市和区域经济高质量发展的直接拉动的效果最大。张腾等（2021）构建空间计量模型，将产业结构、经济增速、生产效率、人力资本、社会福利、资源环境6项指标作为控制变量，分析了东部、中部、西部数字经济对经济高质量发展的影响差异。邓荣荣等（2021）构建指标体系对数字经济发展水平和经济增长质量进行了测度和评级分类比较，并对其耦合协调情况进行了评级分类比较，明确了中西部地区与东部地区的差异。扈奔奔和张英明（2022）实证研究显示数字经济发展与区域经济增长之间存在关联机制，各区域应根据区域内其他行业对数字经济的需求程度制定合理的投资策略，避免盲目将大量资本投入数字经济却受到区域经济水平限制，无法获得预期经济增长的情况出现。

部分国内学者从数字经济规模或投入产出关联的视角出发，反映数字经济对经济规模增长的影响。张红霞（2022）从生产网络视角出发利用Ghosh投入产出模型从最终产品入手测度2002—2018年我国数字经济规模，从时间趋势来看，数字经济规模增长率一直高于区域经济规模的增长率，且自2007年后大幅提升，从空间差异来讲，数字经济规模在产业和区域分布上都具有一定的集中性，各地数字经济规模在区域经济规模中的占比存在显著差异，且可得出数字经济对区域经济规模呈现正向影响的结论。蔡跃洲和牛新星（2021）基于数字技术的渗透性、替代性、协同性特征对“替代效应”“协同效应”等数字经济价值创造机制进行了梳理，测算中国数字经济增加值规模并分析其结构特征，分析结果得到数字经济持续增长的势头已使其成为我国经济增长的重要引擎，且在其内部产业数字化增速大于数字产业化；数字产业化内部数字技术服务业增速自2010年后大于数字技术制造业增速，产业数字化内部数字技术替代效应增速明显大于数字技术协同效应。陈梦根和张鑫（2022）基于投入产出数据考察了中国数字经济的规模和结构特征，认为数字经济规模增长速度快，已足以支撑其成为中国经济规模增长的重要支柱之一，并将数字经济划分为基础部门、融合部门、替代部门，分析了3个部门面临冲击时对经济增长产生的效应影响，结果显示数字经济基础部门对经济增长的影响相对大于其他部门，且数字资本在经济增长中的份额呈上升趋势。田金方等（2022）以国家统计局2021年6月发布的《数字经济及其核心产业统计分类（2021）》为数字经济产业分类标准，从投入产出视角利用2018年全国投入产出表数据测度了数字经济产业在连接、平衡和带动传统产业发展方面的驱动效应，结果显示数字经济产业的乘数效应、溢出效应和反馈效应均高于社会平均水平，其整体产出效应也高于社会整体水平，成为拉动经济增长的强力引擎。

此外，还有部分学者针对当前时代背景和国家政策对数字经济展开理论性分析，提出促进经济增长的政策建议。唐要家（2020）分别对数字经济的微观增长基础、宏观增长效应、产业图谱和生态平台进行了介绍，依据我国互联网用户规模发展及互联网公司的运行归纳经验，最终认为我国数字经济发展存在创新能力相对弱、高素质专业人才供给不足、制度制约仍较为明显等问题，且认为我国数字经济方面的政策重点应该放在技术基础和人才保障、数据信息开放共享、维护市场公平有效竞争、完善数据隐私安全监管等4个方面。左鹏飞和陈静（2021）强调数字经济具有发挥中国超大规模市场和内需潜力的天然技术优势，且有助于重塑中国国际合作和竞争新优势，认为数字经济在经济运行系统重构、经济效率和经济创新力提升方面都存在较大的推动作用，同时经济增长也为数字经济的发展提供了相应的环境、动能、政策支持和新的机遇，因此希望我国可以抓住机遇，打造数字经济多层次生态系统。李娟和刘爱峰（2021）认为，数字经济可以驱动经济高质量发展，明确阐述了数字经济通过扩大供给、刺激消费、提高交易成功率驱动微观经济增长，依据其智能性、普适性、强关联性等特性驱动产业经济增长，其对国民经济循环的带动作用、对区域经济的溢出作用、对经济发展潜力的提升作用驱动了宏观经济的增长，还指出数字经济发展不完善不平衡是我国目前存在的问题，并对此提出一系列对策建议。白永秀和宋丽婷（2021）从政治经济学角度展开分析，认为数字经济使得交换方式发生改变，降低了流通费用，减少了信息不对称，提高了流通效率，革新了消费方式，扩大了消费规模，这些经济活动的优化升级都会对经济增长产生正向影响。陈明明和张文铖（2021）阐明数字经济中的新消费、新商业模式及新技术使经济系统财富持续增加，有利于每个经济个体平等地参与市场竞争，促进了市场运行更富有效率，而数字化信息要素推动产业数字化和数字产业化，深化了资本生产结构，延长了迂回生产过程，并给出了相应的政策启示。佟家栋和张千（2022）依据中国信息通信研究院对数字经济的划分，对数字产业化、产业数字化、数字化治理、数据价值化4个层面的内涵展开了解析，剖析了数字转型背景下金融、贸易、劳动方面面临的机遇和挑战，结合数字平台和数字治理的不断发展和完善，肯定了数字经济在推动全球经济增长与发展中的主力作用。杨虎涛（2020）认为，仍需要通过制度创新引导数字经济的创新领域和发展方向，使其实现从小范围、窄领域的服务业局部繁荣到大范围、多领域的产业渗透。张可云等（2022）分别从区域经济发展新格局、一体化国家算力体系、赋能区域经济发展、区域经济发展产业布局优化4个角度阐述了当前区域经济发展面临的问题及数字经济对于促进区域经济增长的作用机制和重要性。李震（2022）详细阐述了数字经济对构建新发展格局的作用可以划分为推动双循环联动发展、提供经济增长核心动力和创新经济学相关理论3个部分。

综上所述，国内外学者都充分论证了数字经济对经济增长存在明显的支撑作用，肯定了数字经济对于经济增长的促进驱动作用以及数字经济在经济发展中的支柱、引擎地位，同时研究发现由于数字经济发展水平和区域经济规模增长状况存在的地区差异，数字经济对经济增长的影响具有异质性，而且数字经济的空间溢出效应也相对明显。但是由于数字经济对区域经济增长的影响效应的复杂性，还有待于对其影响机制和影响效应进一步进行探索和深入研究。

## 4.2 数字经济对区域经济增长的影响机制

### 4.2.1 数字经济促进区域经济增长的路径

技术进步始终是经济增长的动力和源泉。随着时代发展，数字经济已成为驱动经济增长的重要引擎，具体通过在数字基础、数字服务、数字素养、数字应用4个维度的技术创新和区域协同，促进这4个方面的效率提升和协同发展，最终从提高全要素生产率、降低生产成本、改善资源配置、促进供需共生 4 个角度实现社会新价值的创造、新效率的提升及新动能的激发，从而对区域经济增长产生促进作用，其影响机制和作用机理如图 4－1 所示。

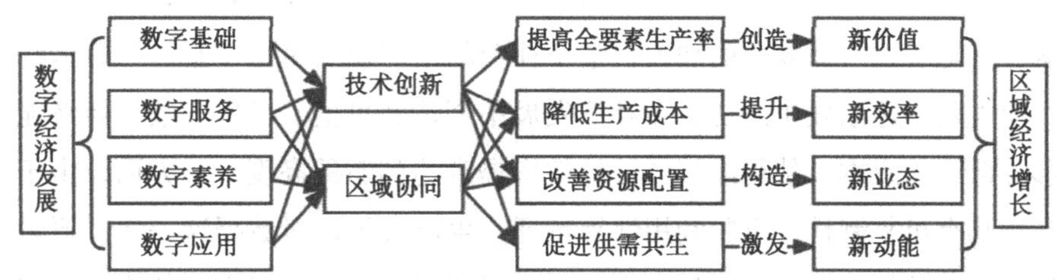


**图 4－1　数字经济促进区域经济增长的路径**

第一，从数字经济的维度进行划分，可将其划分为数字基础、数字服务、数字素养、数字应用 4 个方面。其中数字基础通常指数字基础设施的建设；数字服务则通过网络平台将数字化与各项服务结合起来，如线上政务平台、网络购物平台等，数字建设和数字服务都能够发展衍生出新兴的数字行业，同时还通过与传统行业的融合改进，对传统行业生产率的提高产生影响，且在一定程度上影响供需对经济增长的作用，使经济运行模式得到革新；数字素养是对数字经济背景下人们在信息网络、数据分析等方面相关能力和潜力的涵盖；数字应用则是包含了数字技术在各个行业和社会生活中的种种应用，如今仍在不断扩展之中。数字建设与数字服务受到各个地区本身的经济基础和产业特征的影响，在区域上存在一定的差异，从而使得数字素养和数字应用在发达地区和欠发达地区呈现出一定差距，数字经济发展在受到地域限制的同时，又通过数字化加快了区域的协同发展，具体体现在改善区域间资源配置和增强跨区域供需匹配两个方面，通过生产效率提升和成本缩减实现经济规模增长。总的来说，数字经济发展通过技术创新协助社会做大“蛋糕”，又通过区域协同帮助社会分好“蛋糕”，促进区域经济增长。

第二，数字经济通过技术创新和区域协同，促进了全要素生产率的提高、生产成本的减少、配置资源的改善和供需共生效应的发生，这 4 个作用效果都对区域经济增长做出了贡献。首先，数字经济增添了新的生产要素，促进经济增长创造新的价值。生产要素作为生产经营活动的基本必需要素，其投入和革新对经济增长存在着至关重要的作用。数字经济时代下，在我国国务院发布于2020年4月的《中共中央　国务院关于构建更加完善的要素市场化配置体制机制的意见》中，数据已经被列为新的生产要素，且随着这一新要素的加入，整个社会的生产模式更加丰富，一些传统行业也随之逐渐发生改变，在经济发展中创造新价值。其次，数字经济能够降低经济成本，使得经济增长的效率提升达到新的高度。一方面，由于数据具有可复制性、反复利用性等特征，生产者可以对数据这一生产要素进行反复的加工和处理；另一方面，人工智能等全新生产方式的产生，实现了生产方式向着信息化、智慧化、数字化的转型，极大地降低了生产成本。此外，数字经济依托互联网技术打破了区域间的界限，提升了信息共享与交流速度，大幅降低了经济活动对于地理空间的依存程度，从而降低交易成本。因此数字经济通过降低生产成本和交易成本将区域经济增长提升至一个新的效率阶段。再次，数字经济对资源配置产生良好影响，在很大程度上有利于区域经济增长。随着数据这一新生产要素的投入，其他生产要素得到节约，有效劳动时间和劳动强度得以降低，加之数字经济方便了区域间的信息沟通与交流，在区域协同发展的同时，数据及其他资源更容易在区域间被合理配置。因此，数字经济发展使得资源配置更加完善，新型资源配置模式为区域经济增长提供了新的生产分配业态。最后，数字经济能够发挥供应端和需求端之间的共生效应，这将成为激发经济增长的新动能。相较于工业经济时代由市场供应端决定经济增长的单边模式，数字经济时代的供应端和需求端可以实现有机结合，共同发展产生共生效应，为经济发展提供新的价值空间，其共生共赢的互利机制能够在经济体系中实现1+1>2的经济效益，甚至通过产业链的不断延伸和拓展创造出更大的价值互通、利益联动的产业生态圈。供需共同决定经济增长的双边模式正是数字经济时代下推动区域经济增长的新动能。

### 4.2.2　数字经济从不同层面对区域经济增长的作用机理

本部分从微观、中观、宏观3个层面，通过数字经济发展所带来的经济效应，体现数字经济对区域经济增长的影响，其影响机制和作用机理如图4-2所示。

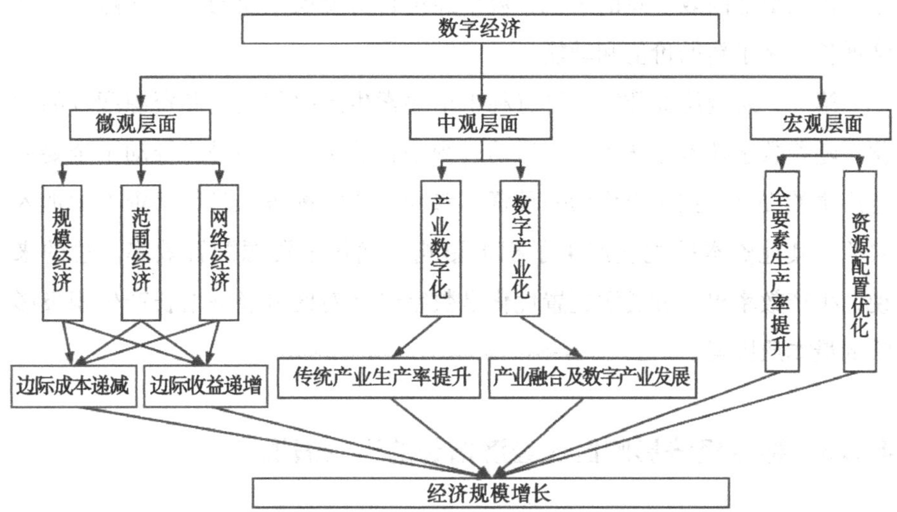


图4-2　数字经济从三个层面对区域经济增长的影响机理

第一，微观层面数字经济促进了规模经济、范围经济及网络经济的发展。数字化的企业往往呈现高固定成本和低边际成本的特征。当边际成本趋近于零，固定成本被均摊使得平均成本不再随产量增加而增加，发生规模经济效应；数字经济弱化了传统范围经济强调的产品关联性，即主营业务单一的企业也可以通过较低的成本开展多样化的业务，且充分利用主营业务所积攒的用户资源传播衍生业务，带动消费获取更多利润；由于数字经济背景下网络用户的大量增长，网络价值也快速增长，信息网络、知识网络的发展都有利于促进企业边际收益递增，促进企业绩效提升。总的来说，边际成本递减和边际收益递增是数字经济在微观层面促进经济增长的重要途径。

第二，中观层面数字经济通过产业数字化与各产业融合促成产业的转型和升级。产业数字化首先改变了产业传统的生产模式，提升了产业的生产效率；其次推动产业跨界融合，新的技术引发新的产业关联，改变原有产品和服务的技术路线和生产成本，提高传统产业现代化水平，促进附加增加值有所增长；最后随着数字经济与实体经济的融合，新产业的诞生不仅可以创造价值，更是加强其他产业间的关联，模糊产业边界，使得整个生产体系更加高效。总的来说，数字经济自身发展以及与各产业融合为经济增长带来了新的价值和动能。

第三，宏观层面数字经济有利于全要素生产率的提高和资源配置的优化。随着数字技术渗透到生产活动过程中，数字技术的进步推动了全要素生产率的提升，数字也作为一种资本参与了资源配置，且数字资本的加入对原有其他资本的配置产生了积极影响，优化了资源配置效率。总的来说，生产效率提升和资源配置优化是数字经济对区域经济增长产生积极影响的最本质因素。

### 4.2.3 数字经济影响区域经济增长的理论假说

数字经济所带来的技术创新和区域协同，能够从微观、中观、宏观层面都促进生产效率的提升、生产成本的减少以及资源配置的优化，此外改变了传统经济市场由供给端决定的单边模式，转为供给端和需求段共同决定的双边模式，这些都促进了区域经济增长，据此可以提出假说如下。

假说1：数字经济对区域经济增长存在正向影响。

数字经济背景下技术不断创新，产业融合加速，产业边界开始模糊，但由于技术创新的驱动是一个长期的过程，阶段性的技术限制使得同一时间段下，数字技术与不同产业的融合度不同，从而数字经济对于不同产业经济规模的影响必然存在差异，据此可以提出假说如下。

假说2：数字经济对于经济增长的影响效应在不同产业间存在差异性。

数字经济的协同共享作用降低了经济发展对地理空间的依存度，然而值得注意的是我国经济发展的差异性和不平衡性始终存在，东部地区有着良好的技术、人力、信息等丰富的要素基础和优越的对外贸易地理位置，数字经济发展起步也相对较早，而中西部地区受到经济发展和地理因素的限制，人们对于数字经济的意识观念也相对落后，导致中西部地区数字经济发展也相对落后，显然东部地区与中西部地区的数字经济发展对于经济增长的影响呈现出不同的特征，据此可以提出假说如下。

假说 3：数字经济对区域经济增长的影响和空间效应存在着区域差异。

## 4.3　模型构建、变量选择与数据说明

### 4.3.1　空间杜宾模型构建

为检验数字经济对于区域经济增长的影响，本部分构建空间计量模型展开分析。空间计量涉及具有空间位置的数据，处理这些数据需要考虑到空间距离信息，或是相邻情况，或是地理距离，或是经济联系，或是耦合协调关系等。空间计量模型通常是针对各省市的空间面板数据，可以将距离信息以权重矩阵的形式考虑到模型内，常用的模型是空间杜宾模型。使用空间计量模型的数据首先要通过空间自相关检验，然后就可根据数据的相关性特征选择合适的模型。其中最常用的空间杜宾模型还可细分为空间误差模型和空间滞后模型等，此外空间计量模型还根据效应选择分为随机效应模型和固定效应模型，其中固定效应模型又分为时间固定效应、个体固定效应和双固定效应 3 种。

空间计量模型的一般形式为：

$$y_{it} = a + \rho \sum_{j=1}^{N} W_{ij} y_{it} + \sum_{k=1}^{k} X_{ij} \beta_k + \sum_{k=1}^{k} \sum_{j=1}^{N} W_{ij} X_{ij} \vartheta_k + \mu_i + v_t + \varepsilon_{it} \tag{4-1}$$

其中，$\varepsilon_{it} = \varphi \sum_{j=1}^{N} W_{ij} \varepsilon_{it} + \xi_{it}$

$\mu_i$ 和 $v_t$ 分别是空间效应和时间效应；$\rho$ 与 $\varphi$ 分别是空间自回归系数和空间误差系数；$\varepsilon_{it}$ 为残差，W 是空间权重矩阵。当 $\rho \neq 0$、$\varphi = 0$、$\theta = 0$ 时，该模型为空间滞后模型；当 $\rho = 0$、$\varphi \neq 0$、$\theta = 0$ 时，为空间误差模型，反映随机误差项的空间效应；当 $\rho \neq 0$、$\varphi \neq 0$、$\theta = 0$ 时，为空间杜宾模型，同时包含了内生和外生的空间互助作用。

#### 4.3.1.1 空间滞后面板数据模型

该模型考虑了本地区与关联或邻近地区的因变量之间相互影响的关系，公式如下：

$$y_{it} = \rho \sum_{j=1}^{N} W_{it} y_{it} + \beta x_{it} + \mu_i + \lambda_i + \varepsilon_{it} \quad (4-2)$$

其中，$y$ 是因变量向量；$W$ 是空间权重矩阵；$Wy$ 是空间因变量；$X$ 是解释变量矩阵；$\rho$ 为空间自回归系数；$\varepsilon$ 为随机误差向量。

#### 4.3.1.2 空间误差面板数据模型

该模型体现变量的空间影响存在于扰动项误差中，公式如下：

$$y_{it} = \beta x_{it} + \mu_i + \lambda_i + \varphi_{it}, \varphi_{it} = v \sum_{j=1}^{N} W_{it} \varphi_{it} + \varepsilon_{it} \quad (4-3)$$

其中，$v$ 是空间自相关系数，表明本地区变量变化对关联或邻近地区的溢出效应大小。

#### 4.3.1.3 空间杜宾模型

该模型中加入了自变量和因变量的空间滞后项，空间影响体现在关联或邻近地区因变量及自变量对本地因变量的影响，公式如下：

$$y_{it} = \rho \sum_{j=1}^{N} W_{it} y_{it} + c + \beta x_{it} + \sum_{j=1}^{N} W_{it} X_{it} \theta + \mu_i + \lambda_i + \varepsilon_{it} \quad (4-4)$$

其中，$\rho$ 和 $\theta$ 是待估计参数；$\rho W_{it} y_{it}$ 为空间滞后项，反映本地因变量对关联或邻近地区因变量的影响；$W_{it} X_{it} \theta$ 反映本地自变量对关联或邻近地区因变量的影响。

这 3 种空间计量模型可以通过检验选择使用。

## 4.3.2　变量与数据

### 4.3.2.1　变量选择

在变量选择上，本书借鉴前人相关研究成果，在模型中加入了影响经济发展的其他控制变量，具体变量解释如下。

被解释变量：人均地区生产总值（Pgdp）。地区生产总值直接反映了某一地区的经济生产规模，人均地区生产总值则排除了人口差异对于各区域经济规模造成的影响，从时间角度、人均地区生产总值能够直观反映各地区经济增长趋势。

核心解释变量：数字经济发展水平（Digit）。该变量数据由第3章构建我国数字经济发展评价指标体系测得，从多个方面较为全面真实地反映了各地区数字经济发展水平。

控制变量：

（1）城镇化水平（Urban）由地区城镇人口在该地区总人口中的占比反映，是体现一个地区城市化水平的重要指标。由于无论是数字经济发展还是区域经济增长都存在着一定的城乡差异，因此城市化水平对于经济增长的影响不容小觑。

（2）财政干预程度（Gover）由地区一般公共预算支出表示。政策干预是经济发展过程中的“有形之手”，起到重要的调控与配置作用，是对经济增长影响的重要因素之一。

（3）固定资产投资程度（Fainv）由不含农户的固定资产投资增速来表示，直接反映了固定资产投资每年的变动情况，是经济规模增长的重要影响因素。

（4）对外贸易（Open）反映的是一个地区的对外开放程度，由地区货物进出口总额来表示。对外开放水平直接反映了外部因素对区域经济增长的影响。

（5）产业结构（Indstr）主要通过第二产业增加值和第三产业增加值的比值来反映，是各地区产业发展特征差异的体现，与区域经济增长息息相关。

(6) 教育水平 (Edulev) 用各地区教育经费投入额来表示，教育水平直接决定了地区劳动力的质量水平，从而对经济增长造成影响。

(7) 人力资源 (Hum) 用就业率来表示，使用城镇单位、私营企业及个人就业人员数之和除以地区人口总数计算得到，反映了一个地区劳动力配置情况，劳动力作为重要的生产要素之一，是经济规模增长的重要因素。

各变量具体如表 4－1 所示。

**表 4－1　　　　模型变量一览表**

| 变量类型 | 变量名称 | 测度方法 | 代表符号 |
|---|---|---|---|
| 被解释变量 | 经济规模增长 | 人均地区生产总值（万元/人） | Pgdp |
| 核心解释变量 | 数字经济发展水平 | 数字经济发展指数 | Digit |
| 控制变量 | 城镇化水平 | 地区城镇人口/地区总人口（%） | Urban |
| | 财政干预程度 | 地区一般公共预算支出（亿元） | Gover |
| | 固定资产投资变动 | 固定资产投资增速（%） | Fainv |
| | 对外贸易 | 地区货物进出口总额（亿元） | Open |
| | 产业结构 | 第二产业、第三产业增加值比值（%） | Indstr |
| | 教育水平 | 教育经费投入（亿元） | Edulev |
| | 人力资源 | （城镇单位就业人员数＋私营企业及个人就业人员数）/地区总人口（%） | Hum |
| 稳健性检验新增控制变量 | 创新能力 | 地区专利授权申请数（件） | Innov |

#### 4.3.2.2 数据来源和变量描述性统计

以上变量数据，除被解释变量数字经济发展水平为第 3 章测度所得，其他数据均来自国家统计局《中国统计年鉴》分省年度数据，或使用分省年度数据计算得到。由于测算数字经济发展水平时，西藏自治区因数据不全而排除在外，相应的数字经济对经济规模增长的实证部分也删去西藏自治区数据。各变量 2011—2020 年中国 30 个省（市、自治区）数据的描述性统计情况如表 4－2 所示。

表 4-2　变量描述性统计

| 变量 | 样本数 | 平均值 | 标准差 | 最小值 | 最大值 |
|---|---|---|---|---|---|
| Pgdp | 300 | 5.368967 | 2.695333 | 1.59 | 16.42 |
| Digit | 300 | 0.162 | 0.1195281 | 0.04 | 0.75 |
| Urban | 300 | 59.00643 | 12.21911 | 35.04 | 89.58 |
| Gover | 300 | 5068.108 | 2814.831 | 705.91 | 17430.79 |
| Fainv | 300 | 10.27133 | 11.04097 | -56.6 | 40.6 |
| Open | 300 | 9037.895 | 14470.99 | 22.96 | 71763.36 |
| Indstr | 300 | 87.85083 | 28.07464 | 19.07 | 189.73 |
| Edulev | 300 | 11543.82 | 7766.668 | 1313.86 | 55690.84 |
| Hum | 300 | 34.37517 | 15.43731 | 12.94 | 92.23 |

## 4.4 我国数字经济对区域经济增长影响的实证分析

### 4.4.1 模型的选择与检验

#### 4.4.1.1 空间自相关分析

本书选择构建嵌套空间权重矩阵：

$$W^{\varphi} = \varphi W^{d} + (1 - \varphi) W^{e} \tag{4-5}$$

其中反距离权重矩阵 $W^d$ 根据经纬度来测算。首先整理得到各省份省会所在地的经纬度坐标，由 $d = \sqrt{x^2 + y^2}$ 在平面中计算得到各省会之间的平面直线距离，然后以地球赤道半径和极半径加以修正，得到由经纬度计算的城市间实际距离后，代入反距离矩阵构建公式计算得到；而经济距离权重矩阵 $W^e$ 是依据 2011—2020 年各省人均 GDP 的平均值，按照经济距离矩阵构建公式计算得到；系数 $\varphi$ 参照曾艺等（2019）的做法，设置为 0.5。

利用得到的嵌套型空间权重矩阵对被解释变量人均 GDP 进行空间自相关检验，测算得 2011—2020 年的全局莫兰指数如表 4-3 所示。

表 4-3 2011—2020 年嵌套型空间权重矩阵下的全局莫兰指数检验结果

| 年份 | I | z | p |
|---|---|---|---|
| 2011 | 0. 283 | 6. 752 | 0. 0010 |
| 2012 | 0. 285 | 6. 783 | 0. 0010 |
| 2013 | 0. 286 | 6. 794 | 0. 0010 |
| 2014 | 0. 286 | 6. 801 | 0. 0010 |
| 2015 | 0. 284 | 6. 766 | 0. 0010 |
| 2016 | 0. 281 | 6. 726 | 0. 0010 |
| 2017 | 0. 279 | 6. 683 | 0. 0010 |
| 2018 | 0. 278 | 6. 668 | 0. 0010 |
| 2019 | 0. 276 | 6. 640 | 0. 0010 |
| 2020 | 0. 272 | 6. 559 | 0. 0010 |

表中数据显示，2011—2020 年全局莫兰指数均保持在 0. 27 到 0. 29 之间，且均通过了 1% 的显著性检验，这说明人均 GDP 在该空间距离矩阵下存在正的空间自相关性和空间聚集性，可以使用空间回归模型，此外莫兰指数值自 2014 年以来呈现出轻微的减弱趋势，说明其空间自相关性和空间聚集性逐渐有所下降。

图 4-3 中，左图为 2011 年的莫兰散点图，右图为 2020 年的莫兰散点图，发现样本主要集中在第一、三象限，表明经济规模增长水平具有较强的空间正自相关性和相似的聚集特征，认为选择空间回归模型是合适的。

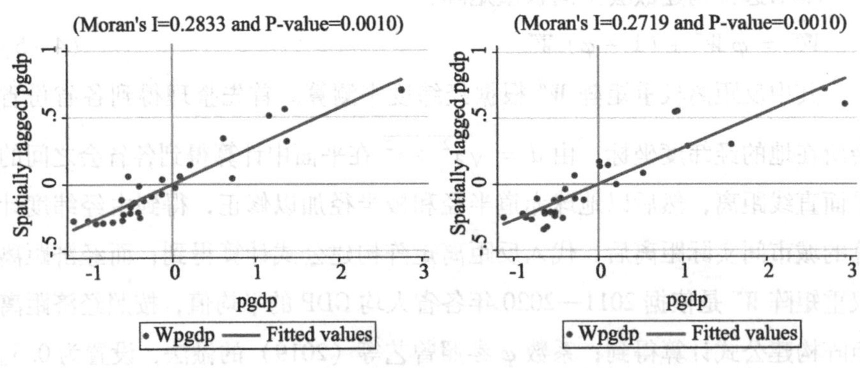


图 4-3 2011 年（左）和 2020 年（右）嵌套型空间权重矩阵下的莫兰散点图

#### 4.4.1.2　空间效应检验

在空间自相关分析的基础上，进一步使用 LM 检验和 Robust LM 检验来确定是否存在空间效应，检验结果如表 4 -4 所示。

表 4 -4　　LM 检验结果

| 模型 | LM 检验 | 统计量 | 自由度 | p 值 |
|---|---|---|---|---|
| 空间误差模型 | Moran's I | 1.752 | 1 | 0.080 |
| | Lagrange multiplier | 1.800 | 1 | 0.180 |
| | Robust Lagrange multiplier | 6.216 | 1 | 0.013 |
| 空间滞后模型 | Lagrange multiplier | 68.957 | 1 | 0.000 |
| | Robust Lagrange multiplier | 73.373 | 1 | 0.000 |

空间误差模型和空间滞后模型均在 1% 的显著性水平下通过检验，表明 2 种模型的空间效应都存在，因此可以选择兼具 2 种模型特点的空间杜宾模型进行实证分析。

为进一步确定模型，采用 LR 检验对模型再次进行检验，结果如表4 -5 所示。

表 4 -5　　确定空间面板模型的 LR 检验结果

| 检验方法 | 统计量 | p 值 |
|---|---|---|
| LR（sdm or sar） | 176.53 | 0.0000 |
| LR（sdm or sem） | 208.50 | 0.0000 |

检验结果显示，空间杜宾模型无法退化为空间误差模型或空间滞后模型，因此空间杜宾模型应为最佳选择。

在模型效应的选择上，主要通过 Hausman 检验和 LR 检验来确定，Hausman 检验可以确定模型选择随机效应还是固定效应，而 LR 检验则可以对个体固定效应、时间固定效应和双固定效应进行比较，检验结果如表 4 -6 所示。

Hausman 检验结果显著表明固定效应模型更为适用，而 LR 检验的结果表明双固定效应模型无法退化为个体固定效应模型或时间固定效应模型，因此最终选择双固定效应模型的空间杜宾模型。

表 4－6　　确定模型效应的 Hausman 检验和 LR 检验结果

| 检验方法 | 统计量 | p 值 |
| --- | --- | --- |
| Hausman 检验 | 50.27 | 0.0000 |
| LR（both or ind） | 73.55 | 0.0000 |
| LR（both or time） | 458.20 | 0.0000 |

## 4.4.2　实证结果分析

### 4.4.2.1　空间杜宾模型整体回归结果分析

中国数字经济发展水平对区域经济增长影响的空间杜宾模型回归结果如表 4－7 所示。

表 4－7　　双固定效应空间杜宾模型回归结果

| 变量 | 系数 | z 统计量 | P 值 |
| --- | --- | --- | --- |
| Main | | | |
| digit | 5.6123190 | 6.42 | 0.000 |
| urban | 0.0042825 | 0.31 | 0.753 |
| gover | 0.0002556 | 5.97 | 0.000 |
| fainv | －0.0063945 | －3.43 | 0.001 |
| open | 0.0000275 | 2.22 | 0.027 |
| indstr | 0.0090716 | 5.18 | 0.000 |
| edulev | －0.0000763 | －5.05 | 0.000 |
| hum | 0.0234627 | 5.34 | 0.000 |
| Wx | | | |
| digit | 14.3185100 | 2.70 | 0.007 |
| urban | －0.5042703 | －6.79 | 0.000 |
| gover | 0.0002160 | 1.00 | 0.315 |
| fainv | －0.0201941 | －1.62 | 0.106 |
| open | 0.0003217 | 5.25 | 0.000 |
| indstr | －0.0043642 | －0.47 | 0.637 |
| edulev | 0.0001973 | 2.03 | 0.042 |

续表

| 变量 | 系数 | z统计量 | P值 |
| --- | --- | --- | --- |
| hum | 0.0853132 | 3.40 | 0.001 |
| Spatial | | | |
| rho | -0.4556535 | -2.41 | 0.016 |
| Variance | | | |
| sigma2 e | 0.0433379 | 12.19 | 0.000 |
| R-sq: within = 0.8954 | | | |
| R-sq: between = 0.6111 | | | |
| R-sq: overall = 0.6746 | | | |
| Mean of fixed-effects = 23.4303 | | | |
| Log-likelihood = 42.9259 | | | |

由估计结果可知，数字经济发展水平的系数为5.61，通过了显著性水平检验，其空间滞后项系数为14.32，也通过了显著性水平检验。这表明数字经济发展对区域经济增长起到了促进作用，且在很大程度上带动了周边城市的经济规模增长，存在明显的空间传导效应，体现了数字经济通过产业技术升级和加速区域融合来促进经济规模增长的这一作用机理。

从控制变量的影响来看，城镇化水平的系数并没有通过显著性检验，但是从空间滞后项来看，城镇化水平存在显著的空间传导效应，且该效应为负，可能是某些地区城镇化水平的提高加速了经济发展，吸引了大量周边地区的资金和劳动力，从而导致对周边地区的经济增长造成一些负面影响。财政干预程度系数通过了显著性检验，而空间滞后项却未通过，显然财政干预对周边地区的传导效应很弱，“有形之手”的调控随政策落实的区域特征具有空间上的局限性。固定资产投资变动系数为负，通过了显著性检验，空间滞后项未通过显著性检验，说明固定资产投资变动的空间传导效应不明显，而其系数为负，可能因为其变动情况由增速表示，而固定资产投资的增速也随着社会经济发展的局限性存在一定的瓶颈效应，较为发达的地区，其增速往往不高，而进步空间较大的地区则会有较高且较不稳定的增速。对外贸易系数和滞后项系数都通过了显著性检验，可见对外贸易不仅对当地的经济规模增长存在促进作用，对周边地区也存在一定的正向影响，进出口贸易的开放本身就促进了区域间资金和货物的流动，增加供给推动需求，形成规模效应，对贸易双方的经济增长都存在正向的影响，因此能够促进区域自身及周边的经济增长。产业结构系数为正，通过了显著性检验，空间滞后项未通过检验，说明其空间传导效应不明显。教育水平系数为负，其空间滞后系数为正，且都通过了显著性检验，系数为负可能是由于教育投资效果的实现存在一定的滞后性，教育投入的增大使得更多资金流入教育，可能会对当期的经济规模增长有一定不利影响，而通过教育培养出人才后，当地若无法满足人才需求，人才就会向着周边地区流动，从而带动周边地区经济规模增长，使得空间传导效应为正。人力资源系数和空间滞后系数都为正，且都通过了显著性检验，说明劳动力作为生产要素之一，对于经济规模的增长的影响是正向的，基于劳动力可以流动的特征，对周边地区也存在正向的传导效应，促进周边地区经济规模的增长。

#### 4.4.2.2 空间效应分解

中国数字经济发展水平对区域经济增长的空间影响效应分解结果如表 4-8 所示。

表 4-8　双固定效应空间杜宾模型空间溢出效应分解结果

| 变量 | 系数 | z 统计量 | P 值 |
|---|---|---|---|
| 直接效应 | | | |
| digit | 5.3166170 | 5.79 | 0.000 |
| urban | 0.0172412 | 1.18 | 0.238 |
| gover | 0.0002573 | 6.20 | 0.000 |
| fainv | -0.0060193 | -3.31 | 0.001 |
| open | 0.0000195 | 1.65 | 0.098 |
| indstr | 0.0093878 | 5.67 | 0.000 |
| edulev | -0.0000835 | -5.57 | 0.000 |
| hum | 0.0211652 | 4.95 | 0.000 |
| 间接效应 | | | |
| digit | 8.8499950 | 2.39 | 0.017 |
| urban | -0.3629194 | -6.26 | 0.000 |

续表

| 变量 | 系数 | z 统计量 | P 值 |
| --- | --- | --- | --- |
| gover | 0.0000752 | 0.50 | 0.620 |
| fainv | -0.0120292 | -1.24 | 0.216 |
| open | 0.0002230 | 4.97 | 0.000 |
| indstr | -0.0057121 | -0.86 | 0.387 |
| edulev | 0.0001659 | 2.34 | 0.019 |
| hum | 0.0531383 | 3.04 | 0.002 |
| 总效应 | | | |
| digit | 14.1666100 | 4.05 | 0.000 |
| urban | -0.3456782 | -6.20 | 0.000 |
| gover | 0.0003324 | 2.18 | 0.029 |
| fainv | -0.0180485 | -1.89 | 0.059 |
| open | 0.0002425 | 5.35 | 0.000 |
| indstr | 0.0036758 | 0.51 | 0.612 |
| edulev | 0.0000824 | 1.14 | 0.255 |
| hum | 0.0743035 | 4.04 | 0.000 |

就空间溢出效应的分解而言，数字经济的直接效应和间接效应都显著，反映出一个地区的经济增长水平既受到该区域数字经济发展的正向影响，也受到周边地区数字经济发展的影响，结合数字经济的传导作用，数字经济对于区域间的经济增长形成了相互促进的关系。

从各控制变量的空间溢出效应分解结果来看，城镇化水平的溢出效应，同其传导效应一致，对自身的影响不显著，却受到周边地区的负面影响，当周边地区城镇化水平提高时，可能吸引当地的劳动力和资金，对当地的经济增长产生负面影响。财政干预程度的空间溢出效应也同传导效应一致，对于当地的经济规模增长主要由当地的一般公共预算支出贡献，而周边地区的一般公共预算支出很难影响到。固定资产投资变动的直接空间效应显著而间接空间效应不显著，说明周边地区的固定资产投资变化情况几乎不会对当地经济增长产生影响。对外贸易的直接溢出效应和间接溢出效应都显著且都为正，再次体现贸易促进了经济增长，资金与货物的流通拉动地区间的供需增长，促进双方或多方的经济规模增长。产业结构的直接效应显著，间接效应和总的空间效应都不显著，说明产业结构确实在空间上的相互关联较弱，导致总的空间溢出效应不显著，产业结构对于区域经济规模增长的影响相对独立。教育水平不易受到周边地区的影响，总体的空间溢出效应也不显著，教育水平对区域经济增长的影响也较为独立。人力资源的直接溢出效应和间接溢出效应都显著且为正，这与劳动力的流动性有关，经济规模的增长既受到当地劳动力的推动，也受到外来劳动力的推动，因此无论直接或间接都为正向影响。

## 4.4.3 稳健性检验

### 4.4.3.1 增添控制变量

本次检验加入创新能力（Innov）作为控制变量，用地区专利申请数来表示，测得新的双固定效应空间杜宾模型回归结果如表4-9所示。

表4-9 空间杜宾模型稳健性检验回归结果

| 变量 | 系数 | z统计量 | P值 |
|---|---|---|---|
| Main | | | |
| digit | 5.0554920 | 5.64 | 0.000 |
| urban | 0.0084308 | 0.57 | 0.566 |
| gover | 0.0002395 | 5.50 | 0.000 |
| fainv | -0.0065328 | -3.53 | 0.000 |
| open | 0.0000310 | 2.50 | 0.012 |
| indstr | 0.0095338 | 5.45 | 0.000 |
| edulev | -0.0000680 | -3.48 | 0.000 |
| hum | 0.0238430 | 5.48 | 0.000 |
| innov | -0.0000006 | -0.37 | 0.711 |
| Wx | | | |
| digit | 14.7725400 | 2.80 | 0.005 |
| urban | -0.6205796 | -7.19 | 0.000 |
| gover | 0.0000868 | 0.40 | 0.692 |
| fainv | -0.0239014 | -1.92 | 0.055 |

续表

| 变量 | 系数 | z 统计量 | P 值 |
|---|---|---|---|
| open | 0.0003525 | 5.70 | 0.000 |
| indstr | -0.0010698 | -0.12 | 0.908 |
| edulev | 0.0003870 | 3.18 | 0.001 |
| hum | 0.0843781 | 3.39 | 0.001 |
| innov | -0.0000343 | -2.56 | 0.011 |
| Spatial | | | |
| rho | -0.4473801 | -2.37 | 0.018 |
| Variance | | | |
| sigma 2e | 0.0424291 | 12.19 | 0.000 |
| R - sq:　within = 0.7780 | | | |
| R - sq:　between = 0.3868 | | | |
| R - sq:　overall = 0.4646 | | | |
| Mean of fixed - effects = 28.6454 | | | |
| Log - likelihood = 46.1728 | | | |

估计结果显示创新能力系数不显著但空间滞后项显著，说明在一定程度上创新能力通过传导效应影响周边城市经济的增长。其他解释变量尤其是核心解释变量数字经济的系数和空间滞后项的显著性和影响方向都未发生改变，说明原空间杜宾模型通过了稳健性检验。

#### 4.4.3.2　替换空间距离矩阵

前文在构建空间距离矩阵时使用嵌套矩阵，本次依据经纬度计算得到反距离权重矩阵，对地区人均 GDP 水平进行全局莫兰检验，得到检验结果如表 4 - 10 所示。

**表 4 - 10　2011—2020 年反距离空间权重矩阵下的全局莫兰指数检验结果**

| 年份 | I | z | p |
|---|---|---|---|
| 2011 | 0.125 | 4.582 | 0.0010 |
| 2012 | 0.123 | 4.539 | 0.0010 |
| 2013 | 0.118 | 4.397 | 0.0020 |
| 2014 | 0.112 | 4.206 | 0.0020 |

续表

| 年份 | I | z | p |
|---|---|---|---|
| 2015 | 0.105 | 4.006 | 0.0060 |
| 2016 | 0.099 | 3.847 | 0.0100 |
| 2017 | 0.098 | 3.828 | 0.0080 |
| 2018 | 0.098 | 3.828 | 0.0090 |
| 2019 | 0.095 | 3.749 | 0.0130 |
| 2020 | 0.092 | 3.662 | 0.0180 |

该全局莫兰指数明显低于嵌套型空间距离矩阵测算结果，但也显示人均 GDP 呈现出明显的正自相关性和空间聚集特征，显著性水平较高，全部通过5%的显著性检验，因此可以用于空间杜宾模型。

使用基于经纬度计算的反距离权重矩阵替换原先使用的嵌套型空间距离矩阵，得到新的双固定效应空间杜宾模型回归结果如表 4－11 所示。

**表 4－11　　反距离空间权重矩阵下的空间杜宾模型回归结果**

| 变量 | 系数 | z 统计量 | P 值 |
|---|---|---|---|
| Main | | | |
| digit | 9.269468 | 8.94 | 0.000 |
| urban | －0.1099653 | －6.60 | 0.000 |
| gover | 0.0002538 | 4.64 | 0.000 |
| fainv | －0.0048577 | －2.03 | 0.042 |
| open | 0.0000647 | 4.25 | 0.000 |
| indstr | 0.009776 | 4.70 | 0.000 |
| edulev | －0.0000843 | －4.53 | 0.000 |
| hum | 0.0167628 | 2.50 | 0.012 |
| Wx | | | |
| digit | 33.86378 | 4.89 | 0.000 |
| urban | 0.2992143 | 2.96 | 0.003 |
| gover | 0.0010103 | 2.16 | 0.030 |
| fainv | 0.0086087 | 0.51 | 0.613 |
| open | 0.0003483 | 4.23 | 0.000 |
| indstr | －0.0302411 | －1.98 | 0.048 |

续表

| 变量 | 系数 | z统计量 | P值 |
|---|---|---|---|
| edulev | -0.0002866 | -1.88 | 0.061 |
| hum | -0.0289188 | -0.56 | 0.574 |
| Spatial | | | |
| rho | -0.5045101 | -1.96 | 0.050 |
| Variance | | | |
| sigma2e | 0.0673783 | 12.29 | 0.000 |
| R-sq:　within = 0.9269 | | | |
| R-sq:　between = 0.3762 | | | |
| R-sq:　overall = 0.4684 | | | |
| Mean of fixed-effects = -14.2298 | | | |
| Log-likelihood = -24.8740 | | | |

由回归结果可知，城镇化水平系数和财政干预程度的空间滞后项都变为显著，人力资源的空间滞后系数变为不显著，影响方向上城镇化水平发生了变化，城镇化水平、教育水平、人力资源的空间传导影响方向发生变化，但核心解释变量数字经济的系数和空间滞后系数在显著性和方向上没有改变，仅在系数数值上略有增大，因此，数字经济对区域经济增长的影响效应通过了稳健性检验。

#### 4.4.3.3　删除部分样本

本次检验删去较为发达的北京市、天津市、上海市、重庆市4个直辖市后，基于剩下的26个省市，使用嵌套型空间距离矩阵重新构建双固定效应的空间杜宾模型，得到回归结果如表4-12所示。

表4-12　删除4个直辖市样本数据后的空间杜宾模型回归结果

| 变量 | 系数 | z统计量 | P值 |
|---|---|---|---|
| Main | | | |
| digit | 2.8707620 | 1.89 | 0.059 |
| urban | 0.0949085 | 5.17 | 0.000 |
| gover | 0.0001949 | 4.17 | 0.000 |
| fainv | -0.0037994 | -1.99 | 0.046 |

续表

| 变量 | 系数 | z 统计量 | P 值 |
|---|---|---|---|
| open | 0.0000261 | 1.54 | 0.124 |
| indstr | 0.0076796 | 4.60 | 0.000 |
| edulev | -0.0000332 | -2.00 | 0.046 |
| hum | 0.0134647 | 2.68 | 0.007 |
| Wx | | | |
| digit | 18.4963100 | 4.72 | 0.000 |
| urban | -0.3292233 | -7.74 | 0.000 |
| gover | 0.0000567 | 0.40 | 0.692 |
| fainv | -0.0063520 | -1.14 | 0.255 |
| open | 0.0000341 | 0.78 | 0.438 |
| indstr | 0.0113024 | 2.42 | 0.015 |
| edulev | 0.0001875 | 3.18 | 0.001 |
| hum | 0.0208309 | 1.53 | 0.125 |
| Spatial | | | |
| rho | -0.3527925 | -3.14 | 0.002 |
| Variance | | | |
| sigma2 e | 0.0411903 | 11.25 | 0.000 |
| R-sq: within = 0.8260 | | | |
| R-sq: between = 0.4268 | | | |
| R-sq: overall = 0.4899 | | | |
| Mean of fixed-effects = 10.1606 | | | |
| Log-likelihood = 42.8580 | | | |

由回归结果可知，城镇化水平系数变为显著，而对外贸易及其空间滞后项系数不再显著，产业结构和人力资源的空间滞后项系数也不再显著，在影响方向上则主要是产业结构的空间滞后项发生改变，核心解释变量数字经济的显著性水平和影响方向均未发生改变，同样可以认为数字经济对区域经济增长的影响效应具有稳健性。

### 4.4.4 数字经济对区域经济增长影响的异质性分析

#### 4.4.4.1 产业异质性分析

区域经济增长选取人均GDP作为指标，而地区生产总值又可划分为三次产业增加值，数字经济虽然有利于打破了地区壁垒，强化了各产业的融合，但鉴于三次产业在特征和性质上存在较大的差异，数字经济与三个产业的融合程度及其促进三次产业规模增长的程度存在着一定差异。本部分将地区生产总值划分为第一产业增加值、第二产业增加值和第三产业增加值，人均后记为pgdp1、pgdp2、pgdp3，其描述性统计如表4-13所示。

表4-13 三大产业人均产值描述性统计

| 变量 | 样本数 | 平均值 | 标准差 | 最小值 | 最大值 |
|---|---|---|---|---|---|
| pgdp1 | 300 | 0.4308667 | 0.1992492 | 0.04 | 1.12 |
| pgdp2 | 300 | 2.119433 | 0.9168351 | 0.64 | 5.26 |
| pgdp3 | 300 | 2.818633 | 2.115373 | 0.75 | 13.75 |

将pgdp1、pgdp2、pgdp3分别作为新的被解释变量，展示双固定效应空间杜宾模型（1）和随机效应空间杜宾模型（2）的回归结果，如表4-14所示。

表4-14 分产业空间杜宾模型回归结果

| 变量 | 第一产业 | | 第二产业 | | 第三产业 | |
|---|---|---|---|---|---|---|
| | (1) | (2) | (1) | (2) | (1) | (2) |
| Main | | | | | | |
| digit | -0.551 *** | -0.560 *** | -1.988 *** | -2.201 *** | 7.821 *** | 9.859 *** |
| | (-4.55) | (-4.24) | (-4.81) | (-5.24) | (-10.81) | (-11.48) |
| urban | 0.00493 ** | 0.00471 * | 0.0752 *** | 0.0552 *** | -0.0723 *** | -0.0458 ** |
| | (-2.62) | (-2.46) | (-11.58) | (-8.45) | (-6.38) | (-3.29) |
| gover | 0.00000376 | 0.00000468 | 0.0000513 * | 0.0000701 ** | 0.000194 *** | 0.000173 *** |
| | (-0.64) | (-0.69) | (-2.51) | (-3.15) | (-5.48) | (-4.33) |
| fainv | -0.00002 | -0.000181 | 0.000344 | -0.0002 | -0.00636 *** | -0.00484 ** |
| | (-0.08) | (-0.61) | -0.39 | (-0.21) | (-4.13) | (-2.74) |

续表

| 变量 | 第一产业 | | 第二产业 | | 第三产业 | |
|---|---|---|---|---|---|---|
| | (1) | (2) | (1) | (2) | (1) | (2) |
| open | -0.00000562*** | -0.00000496** | 0.0000130* | 0.0000178*** | 0.0000143 | 0.0000203* |
| | (-3.33) | (-3.16) | (-2.21) | (-3.76) | (-1.41) | (-2.3) |
| indstr | 0.00110*** | 0.000651** | 0.00774*** | 0.00895*** | 0.000313 | -0.00287 |
| | (-4.4) | (-2.67) | (-9.27) | (-11.11) | (-0.22) | (-1.92) |
| edulev | -0.000000925 | -0.00000106 | -0.00000996 | -0.0000137 | -0.0000643*** | -0.0000741*** |
| | (-0.44) | (-0.45) | (-1.38) | (-1.79) | (-5.13) | (-5.30) |
| hum | -0.000263 | -0.000495 | 0.0108*** | 0.00769*** | 0.0122*** | 0.0213*** |
| | (-0.43) | (-0.77) | (-5.17) | (-3.67) | (-3.36) | (-5.39) |
| _cons | | -1.684*** | | 3.612** | | 10.02*** |
| | | (-4.96) | | (-2.95) | | (-4.93) |
| Wx | | | | | | |
| digit | -5.890*** | -0.364 | 4.139 | -1.732 | 12.24** | 4.479* |
| | (-8.29) | (-1.05) | (-1.7) | (-1.56) | (-2.78) | (-2.16) |
| urban | -0.0197 | 0.0185** | -0.127*** | -0.153*** | -0.308*** | -0.156*** |
| | (-1.95) | (-2.97) | (-3.68) | (-6.56) | (-4.79) | (-4.43) |
| gover | -0.000106*** | -0.0000168 | -0.0000696 | 0.000167* | 0.000317 | 0.000125 |
| | (-3.60) | (-0.74) | (-0.68) | (-2.15) | (-1.78) | (-0.93) |
| fainv | -0.0000694 | -0.00108 | -0.0028 | -0.00435 | -0.0118 | 0.00344 |
| | (-0.04) | (-0.75) | (-0.48) | (-0.91) | (-1.15) | (-0.4) |
| open | 0.00000322 | -0.00000923 | 0.000134*** | 0.000131*** | 0.000140** | 0.000155*** |
| | (-0.39) | (-1.63) | (-4.71) | (-6.55) | (-2.8) | (-4.42) |
| indstr | 0.00871*** | 0.00463*** | -0.0119* | -0.00682* | -0.00476 | -0.0153** |
| | (-6.72) | (-4.85) | (-2.57) | (-1.99) | (-0.63) | (-2.68) |
| edulev | 0.0000614*** | 0.0000250** | 0.000190*** | 0.0000849** | -0.0000353 | -0.0000475 |
| | (-4.56) | (-2.7) | (-4.12) | (-2.75) | (-0.44) | (-0.84) |
| hum | 0.00397 | 0.00263 | 0.0542*** | 0.0282*** | 0.00551 | 0.0415** |
| | (-1.22) | (-1.18) | (-4.51) | (-3.65) | (-0.28) | (-3.04) |
| Spatial | | | | | | |
| rho | 0.358* | 0.644*** | -0.00993 | 0.13 | 0.0611 | 0.636*** |
| | (-2.5) | (-7.3) | (-0.06) | (-0.94) | (-0.33) | (-7.06) |
| Variance | | | | | | |
| sigma2_e | 0.000832*** | 0.00118*** | 0.00985*** | 0.0130*** | 0.0296*** | 0.0417*** |
| | (-12.17) | (-11.38) | (-12.25) | (-11.36) | (-12.25) | (-10.2) |

续表

| 变量 | 第一产业 | | 第二产业 | | 第三产业 | |
|---|---|---|---|---|---|---|
| | (1) | (2) | (1) | (2) | (1) | (2) |
| lgt_theta | | -2.695*** | | -2.389*** | | -2.424*** |
| | | (-17.15) | | (-13.41) | | (-8.53) |
| $R^2$ | 0.0748 | 0.18 | 0.7 | 0.77 | 0.19 | 0.827 |
| N | 300 | 300 | 300 | 300 | 300 | 300 |

T statistics in parentheses: * p<0.05, ** p<0.01, *** p<0.001

从估计结果可知，第一产业、第二产业、第三产业的数字经济系数全部显著，第一产业、第二产业系数为负。从系数大小来看，第一、二、三产业的系数绝对值逐渐增大，说明目前与数字经济融合最多最密切的主要是第三产业，而第一、二产业的融合度则有待提升。从空间滞后项来看，只有第一、三产业的系数显著，说明第二产业的发展不易受到周边地区数字经济发展的影响，第一产业容易发生负向的传导效应，这可能与人口流动有关，而第三产业的发展，则受到周边地区数字经济的正向影响，第三产业是目前数字经济打破地域壁垒的主要战场。

#### 4.4.4.2　区域异质性分析

将30个省（市、自治区）按所处地理位置划分为东部、中部、西部和东北四个区域，分别对4个区域内的省（市、自治区）构建双固定效应空间杜宾模型（1）和随机效应空间杜宾模型（2），其回归结果如表4-15所示。

在东部、中部、西部、东北4组模型中，数字经济发展水平的系数皆为正，仅中部的随机效应模型和东北的双固定效应模型的数字经济发展水平系数未能通过显著性检验，可见数字经济在一定程度上促进了各个区域的经济规模增长。从系数大小的比较来看，在最为发达的东部地区，数字经济的影响最小，而相对欠发达的西部地区，数字经济的影响则最大，因此认为数字经济对于欠发达地区的经济增长具有更有效的促进作用，而对于较发达地区的经济增长促进效果欠佳，这与数字经济的瓶颈效应有一定关系。从空间滞后项来看，仅中部地区的数字经济通过了显著性检验，可见中部地区作为衔接过渡区域，对周边地区的空间效应显著，体现了中部

表 4 - 15　　分区域空间杜宾模型回归结果

| 变量 | 东部 | | 中部 | | 西部 | | 东北 | |
|---|---|---|---|---|---|---|---|---|
| | (1) | (2) | (1) | (2) | (1) | (2) | (1) | (2) |
| Main | | | | | | | | |
| digit | 4.061** | 4.852* | 6.067*** | 4.586 | 7.784*** | 7.001*** | 2.839 | 5.858*** |
| | (-2.73) | (-2.54) | (-3.74) | (-1.91) | (-4.56) | (-3.69) | (-0.59) | (-4.83) |
| urban | -0.068 | -0.0511 | -0.149** | 0.0679** | -0.116*** | -0.0484 | -0.128*** | -0.0244 |
| | (-1.62) | (-1.01) | (-2.74) | (-2.94) | (-4.41) | (-1.35) | (-5.85) | (-0.93) |
| gover | 0.0000653 | 0.000174* | 0.000134 | 0.00103*** | 0.00000125 | 0.0000944 | 0.0001 | 0.0000184 |
| | (-1.04) | (-2.06) | (-0.98) | (-13.94) | (-0.01) | (-0.88) | (-1.79) | (-0.27) |
| fainv | -0.0123* | 0.00283 | 0.00704 | 0.00555 | -0.00165 | -0.00134 | -0.000967 | -0.000976 |
| | (-2.13) | (-0.33) | (-1.78) | (-1.11) | (-0.89) | (-0.58) | (-1.58) | (-1.15) |
| open | 0.000103*** | 0.0000840*** | 0.0000372 | 0.0000301 | 0.0000486 | 0.0000599 | 0.000131* | 0.000177*** |
| | (-6.29) | (-4.52) | (-0.87) | (-0.43) | (-1.51) | (-1.71) | (-2.39) | (-7.21) |
| indstr | 0.0144 | 0.00377 | 0.0174*** | 0.00424 | 0.0104** | 0.0113*** | 0.00987 | 0.000126 |
| | (-1.52) | (-0.29) | (-7.15) | (-1.65) | (-3.17) | (-4.08) | (-0.85) | (-0.05) |
| edulev | -0.0000109 | -0.0000972** | 0.0000545 | -0.000255*** | 0.0000768 | 0.0000281 | -0.0000233 | 0.000043 |
| | (-0.51) | (-3.27) | (-0.79) | (-7.75) | (-1.77) | (-0.56) | (-0.59) | (-1.06) |
| hum | 0.0386*** | 0.0496*** | 0.00753 | 0.0145 | 0.0199** | 0.0131* | 0.0152** | 0.0231** |
| | (-6.18) | (-5.95) | (-0.81) | (-1.52) | (-3.28) | (-2.15) | (-2.84) | (-3.22) |

续表

| 变量 | 东部 | | 中部 | | 西部 | | 东北 | |
|---|---|---|---|---|---|---|---|---|
| | (1) | (2) | (1) | (2) | (1) | (2) | (1) | (2) |
| _cons | | 15.02 | | -5.395 | | -3 | | -1.478 |
| | | (.) | | (-1.83) | | (-1.49) | | (-0.38) |
| Wx | | | | | | | | |
| digit | 2.664 | 6.535** | 15.44*** | -1.102 | 1.479 | -3.454 | -10.01 | -3.088 |
| | (-1.18) | (-2.73) | (-5.1) | (-0.28) | (-0.25) | (-1.39) | (-1.28) | (-1.51) |
| urban | -0.589*** | -0.164* | 0.117 | 0.0345 | 0.206 | 0.172** | -0.412*** | 0.0618 |
| | (-8.40) | (-2.10) | (-0.74) | (-0.77) | (-1.82) | (-2.8) | (-5.31) | (-1.36) |
| gover | -0.000202 | 0.000207 | 0.0000347 | -0.000262 | -0.000234 | -0.0000366 | 0.00011 | 0.000426* |
| | (-1.16) | (-1.43) | (-0.14) | (-1.41) | (-1.20) | (-0.19) | (-1.14) | (-2.56) |
| fainv | 0.0132 | 0.0312* | -0.00158 | -0.00907 | 0.00803 | 0.000372 | -0.00339* | -0.00587*** |
| | (-1.2) | (-2.09) | (-0.17) | (-0.67) | (-1.82) | (-0.08) | (-2.48) | (-3.81) |
| open | 0.000190*** | 0.000135*** | 0.000495*** | 0.000104 | 0.000315** | 0.000296** | 0.0000484 | -0.0000498 |
| | (-7.06) | (-4.61) | (-4.88) | (-0.7) | (-2.77) | (-3.14) | (-0.62) | (-1.36) |
| indstr | -0.00858 | -0.0572*** | -0.00854 | 0.0103** | -0.0193* | -0.0151** | 0.00669 | 0.000261 |
| | (-0.43) | (-4.37) | (-1.83) | (-2.85) | (-2.03) | (-2.94) | (-0.46) | (-0.12) |
| edulev | 0.000188** | -0.0000617 | -0.000108 | 0.0000643 | -0.000174 | -0.000193* | -0.0000151 | -0.000119 |
| | (-3.03) | (-1.07) | (-1.14) | (-1.09) | (-1.95) | (-2.30) | (-0.20) | (-1.47) |
| hum | 0.0224 | 0.0364 | -0.0562* | -0.0728** | 0.0726*** | 0.0083 | 0.0401* | 0.0159 |
| | (-1.39) | (-1.9) | (-2.42) | (-2.63) | (-3.72) | (-0.5) | (-2.12) | (-1.37) |

续表

| 变量 | 东部 | | 中部 | | 西部 | | 东北 | |
|---|---|---|---|---|---|---|---|---|
| | (1) | (2) | (1) | (2) | (1) | (2) | (1) | (2) |
| Spatial | | | | | | | | |
| rho | -0.392*** | -0.0725 | 0.261 | 0.403** | -0.183 | 0.194 | -0.0986 | 0.0305 |
| | (-3.42) | (-0.61) | (-1.76) | (-3.1) | (-0.99) | (-1.28) | (-0.40) | (-0.21) |
| Variance | | | | | | | | |
| sigma2 e | 0.0366*** | 0.0990*** | 0.00391*** | 0.0224*** | 0.0145*** | 0.0235*** | 0.0000435*** | 0.00118*** |
| | (-8.04) | (-5.77) | (-5.96) | (-5.26) | (-7.44) | (-6.56) | (-4.75) | (-3.87) |
| lgt_theta | | -2.689*** | | 16.67 | | -2.836*** | | 15.41 |
| | | (-5.21) | | (-0.01) | | (-7.91) | | (-0.01) |
| $R^2$ | 0.213 | 0.762 | 0.516 | 0.982 | 0.367 | 0.65 | 0.282 | 0.998 |
| N | 100 | 100 | 60 | 60 | 110 | 110 | 30 | 30 |

T statistics in parentheses: * $p < 0.05$, ** $p < 0.01$, *** $p < 0.001$

地区数字经济发展在衔接和传导方面的重要作用，利用好数字经济打破地区界限和空间壁垒是经济协调发展的关键一环。

## 4.5 本章小结

本章在现有国内外研究的基础上，论述了数字经济对区域经济发展的影响机理，并将数字经济作为核心解释变量，人均 GDP 作为被解释变量来代表经济规模，此外设置城镇化水平、财政干预程度、固定资产投资变动、对外贸易、产业结构、教育水平、人力资源为控制变量，构建空间杜宾模型进行实证检验，最终回归结果得到数字经济系数为 5.61，通过了显著性检验，说明数字经济对于区域经济增长存在正向的促进作用。

进一步对空间杜宾模型的空间溢出效应进行分解，发现数字经济直接效应为 5.32，间接效应为 8.84，总效应为 14.16，且都通过了显著性检验，这意味着当地的数字经济每增加 1 个单位，就会造成当地人均 GDP 增加 5.32 个单位，而周边地区的数字经济每增加 1 个单位，就会造成当地人均 GDP 增加 8.84 个单位，可见经济增长不仅受到自身数字经济发展的促进，还受到周边地区数字经济发展的推动，其正向的空间溢出效应再次体现了数字经济打破空间壁垒的特性。

通过对不同产业和不同区域的异质性分析发现，第一，数字经济对于不同产业经济规模增长的促进作用不同，对第一和第二产业造成些许负向影响，而对第三产业是正向影响。具体来看，第一、二产业系数为负，分别约为 -0.6 和 -2.0，第三产业系数为正，约为 7.8，这一方面是由于数字经济与第三产业的融合水平明显高于第一、二产业，另一方面是由于第三产业占比高的发达地区吸引了一、二产业占比较高的欠发达地区的劳动力导致的。第二，数字经济对不同区域经济增长的促进效果不同，对于较发达地区数字经济的促进作用较弱，而对于欠发达地区数字经济的促进作用较强。将样本划分为东部、中部、西部、东北 4 部分后分别构建空间杜宾模型，东、中、西部数字经济系数分别为 4.061、6.067、7.784，东北地区随机效应模型显著系数为 5.858。可见最为发达的东部地区数字经济促进效果最弱，而相对欠发达的西部地区数字经济促进效果最强，这可能是由于数字经济发展所存在的瓶颈效应所导致的。

# 第 5 章

# 我国数字经济对产业结构发展的影响研究

改革开放 40 多年来，我国经济发展成绩斐然，各产业产值不断上升，产业结构也处于不断升级优化过程中。三大产业 GDP 占比从 1978 年为 7∶12∶6 变为 2020 年的 2∶9∶14，产业结构总体上由“二一三”模式转变为“三二一”模式。尽管产业结构调整成效显著，但与发达国家相比，我国产业结构问题仍比较严峻。我国现在正处于经济结构优化升级快速发展阶段，产业发展问题日益凸显，比如，第一产业效率偏低，科技利用不足；第二产业创新能力不够，关键技术仍存在卡脖子问题；第三产业供需错配等。这些问题都引发了我国资源消耗过量、环境污染严重、供需不匹配，发展不平衡等一系列后果，阻碍我国经济的高质量发展。

当今，以大数据、云计算、区块链等为代表的数字技术发展迅猛，数字成为新的生产要素。2020 年国务院发布的《关于构建更加完善的要素市场化配置体制机制的意见》中，指出要加快培育数据要素市场，加强整合和保护数据资源。以数据要素为关键的数字经济既是创新发展模式、催生发展新业态的重要驱动力，也是推动我国供给侧结构性改革、优化升级产业结构的新力量，同时数字技术与实体经济融合，为升级优化产业结构提供了新思路。

## 5.1　数字经济影响产业结构的文献综述

### 5.1.1　产业结构优化升级测算相关研究

目前，学术界普遍认为产业结构优化过程是动态发展变化的，但还没有就产业结构优化升级的具体内涵达成共识。再加上，不同学者的研究方向不同，产业结构优化的测算方法也会有所不同。不少学者认为产业结构优化升级包括产业结构高级化和产业结构合理化。产业结构高级化指产业结构中心逐渐从低层次向高层次演化，从第一产业向第二产业、第三产业转变，从劳动密集型工业逐渐向资本密集型工业、再向技术知识密集型工业过渡。产业结构合理化指充分调动利用现有资源实现资源的配置优化，从而使产业间数量比例、经济技术联系和相互作用关系趋于协调，更好地适应市场需求变化。

相应地，对于测度产业结构优化升级的相关研究，主要集中在测度产业结构高级化和产业结构合理化水平方面，具体有静态直观比较法、动态比较判别法、指标法等。其中，静态比较法是将研究对象的产业比例关系与某种“标准结构”进行比较从而判断产业结构所处的高度。Chenery 等（1986）研究分析发达国家产业结构的特征，并以此作为衡量产业结构高度的标准。动态比较判别法则运用相似判别和距离判别等统计方法对产业结构高度进行动态分析。指标法通过选择单一指标或构建指标体系定量研究产业结构优化升级程度，是被当前学者们应用最为广泛的方法。其他如刘伟等（2008）认为产业结构高级化程度越高的经济体，其劳动生产率高的产业所占比重也会越大，因此将各产业产值在 GDP 中所占比重和劳动生产率相乘后的结果用来衡量产业结构高级化。靖学青（2005）用产业结构层次系数对产业结构高级化进行测度。具体用各产业增加值占 GDP 比重与三次产业权重（第一、二、三产业的权重通常取 1、2、3）的乘积作为产业结构层次系数，该系数越大，产业结构高级化程度越高。由于该产业结构层次系数计算简便，数据容易获得，被不少学者引入研究中并广泛使用。

与产业结构高级化相比，不同学者对产业结构合理化的定义持有不同看法，测度方法也较为多元化、差异化。潘文卿等（1994）认为产业结构的合理程度可以用实际的社会生产结构与经济技术特征的偏离程度来反映。偏离度由现实生产结构与投入产出表中直接消耗系数矩阵最大特征根对应的特征向量的夹角来衡量。伦蕊（2005）梳理了关于产业结构合理化的基本内涵，认为产业结构的合理化不仅在于产业间比例的协调、供给结构对需求结构的适应程度等方面，更取决于经济资源能否从低效率产业向高效率产业流动以及流动是否是自由、迅速的。具体用产业边际投资利润率与产业新增投资额增长率的相关关系来表示经济资源能自由、迅速地向高效率的产业流动，并基于1998—2001年数据对广东省制造业合理化程度进行测算，发现整体上合理化程度较高。干春晖等（2011）认为经济往往是非均衡状态，尤其是对于发展中国家更是如此，结构偏离度不可能是0，在Theil等（1967）相关研究的基础上，重新定义了泰尔指数，并在结构偏离度的基础上引入了泰尔指数来度量产业结构合理化。不仅针对结构偏离度的不足进行了改进，同时保留了其经济含义。此外，也有研究测算第三产业产值与第二产业产值之比用来衡量产业结构的高级化水平。

还有学者在此基础上提出了产业结构高效化，表现为各要素投入产出的经济效率。徐仙英等（2016）认为产业结构优化升级可以总结为产业结构的合理化、高级化、高效化，从这三个角度出发选取指标，构建了产业结构优化升级的综合评价体系，并基于1995—2014年的数据，对我国产业结构优化升级综合指数及产业结构合理化、高级化、高效化各维度指数进行测度，分析我国在此期间的产业结构变动趋势，发现我国产业结构整体上处于不断优化过程中，在合理化、高级化、高效化方面都有不同程度的提升。

### 5.1.2 数字经济影响传统产业发展的相关研究

数字经济作为经济发展的新动能，代表着未来生产力的发展方向。数字技术能够渗透到各传统产业，实现跨产业融合，提高各环节的效率。因此，数字经济能够推动传统产业不断变革，带动传统产业产值进一步增加，效率提升。

在数字经济对农业的影响研究中，发现数字经济能推动农业转型发展，且存在空间异质性。Mason（2021）分析了信息成本在粮食营销中的作用，认为随着政治和商业力量对产业的影响，信息成本将对产业结构产生影响。罗浚文等（2020）从农业生产、销售、全产业链质量安全、基础设施等方面出发，运用遗传算法-投影寻踪模型和随机前沿分析进行实证研究。结果显示，浙江省的数字要素投入远超平均水平，其余省份快速起跑。此外，数字要素可以增加农业经济效益，但目前数字技术效率还存在提升空间。殷浩栋等（2020）认为，农村数字经济基础设施建设不完善、农业数字化应用不足、农民数字技能有限等成为制约农业农村数字化发展的主要原因。数字经济背景下，将通过变革生产方式与提升农业生产效率、创新农业经济模式等方式来推动农业农村转型发展。吴友群等（2022）分别构建了农业高质量发展和数字经济指标体系，通过双固定面板模型研究数字经济对农业高质量发展的影响，发现数字经济会对农业发展起到促进作用，但是该正向作用仅在东部地区统计显著，造成这一现象的原因可能是东部地区的数字经济发展相较于中西部地区更早也更成熟，享受到了数字经济更多的红利。陈毅辉（2022）基于2005—2018年30个省份的面板数据，分别从农业发展规模、发展效率、发挥效益、发展代价等维度选取18个指标构建了农业高质量发展指标体系，采取理论和实证方法相结合研究数字经济对农业高质量发展的影响。结果发现，数字经济对农业发展的影响存在空间异质性，对东部地区农业发展的促进作用最强。

数字产业对第二产业的影响研究主要集中于部分行业范围内，如工业、制造业等。Wu（2020）指出互联网会对制造业发展产生影响，具有空间经济聚集效应，创新能力能够进一步促进空间经济聚集。李春发等（2020）指出数字经济与制造业融合使得产业链组织分工拓宽，交易成本降低，产业价值分配方式改变，消费需求变革，从而推动制造业转型升级。王姝楠（2020）将数字经济分解为技术创新、资源要素、市场需求三方面，利用2009—2018年我国制造业的数据，定量分析数字经济对制造业转型升级水平的影响。李娜（2021）分析了数字经济和实体经济融合过程中存在的融合标准碎片化、数字知识产权安全难以保障、缺乏同时具备行业背景和互联网知识的复合人才等问题，并针对性地提出建议。汤世易等（2021）基于2018年10月—2020年9月我国省际面板数据构建了双向固定效应面板回归模型来分析新冠肺炎疫情期间数字经济对实体经济的影响，选用规模以上工业企业的营业收入来反映实体经济水平，发现数字经济分别通过挤出效应、溢出效应、融合效应来促进实体经济的发展，摆脱新冠肺炎疫情对其造成的冲击。陈晓峰（2022）认为数字经济不仅能通过基础设施、数字产业化、产业数字化直接驱动制造业升级，还能通过人力资本、企业成本、技术创新等来间接推动制造业的优化，通过中介效应检验研究发现数字经济可以通过人力资本、企业成本、技术创新等方式作用于制造业，推动其优化升级，其中技术创新优化了生产工艺，带动了产品的更新换代，促进产业优化的效果更为显著。

目前，关于数字经济对第三产业影响的研究大部分是理论分析，实证研究还比较少。Zimmermann 等（1999）认为数字经济会对产业结构产生根本性影响。他们以金融业为例，分析了数字经济对金融业，特别是零售银行业所带来的挑战。陈志林（2021）指出数字经济具有规模扩大、综合实力增强、服务业数字化优势凸显等优势，但也存在服务业数字化水平还有上升空间、数字核心技术创新能力不足、区域发展不平衡等问题，因此，他认为数字经济对服务业发展促进作用还需要从完善数字经济政策、推进数字经济与服务业的深度融合、完善数据信息安全保障体系等角度进一步推进。姚惠娴（2022）结合数字经济对服务业的作用机制，找出数字经济与服务业融合过程的不足之处，研究发现，虽然数字经济能够逐渐渗透并促进服务业发展，但是部分行业数字化程度低，与之融合程度较低，并且有信息安全、数据垄断等问题显现出来。尚宏达（2022）基于 2013—2020 年黑龙江省的数据，运用熵值法赋权分别构建了数字经济、生产性服务业、制造业的综合评价指标体系，利用双系统、三系统耦合协调度模型进行研究，结果显示，数字经济、生产性服务业发展水平在波动上升，数字经济与生产性服务业的融合质量大于与制造业的融合质量，且呈现更为明显的上升趋势，2017 年后数字经济、生产性服务业、制造业三系统的协调度大于双系统的协调度，即数字经济能够更有效地推动生产性服务业和制造业的融合。

### 5.1.3　数字经济影响产业结构的相关研究

产业结构升级是经济增长的重要动力，国内外学者对产业结构优化升级影响因素的研究有很多，比如企业创新、政府财政支出等。作为继农业经济、工业经济之后的新经济形态，数字经济能否推动产业结构的优化升级，其影响作用有多大以及数字经济如何推动产业结构优化升级等都引起了社会各界的关注。

国外关于数字经济对产业结构升级优化影响的研究相对较少，有部分学者对信息通信技术与产业结构转型的关系进行了研究。Jaakkola 等（1991）指出信息技术的发展可以促进产业结构的转变。O'Mahony 等（2005）基于美国和英国的行业数据定量分析 ICT 资本对产出增长的影响，结果发现与非信息通信技术资产相比，信息通信技术资本可以促进实际产出正向增长，且有超额增长。Kutin（2016）认为数字技术的应用大大提升了产业链的效率，使得生产等环节更加数字化、自动化、智能化，与信息产业融合成为制造业未来发展的新趋势。

近年来，数字技术的快速发展，使之成为现代经济社会发展的新动能。我国有不少学者的研究方向开始从数字经济对单一产业的影响转向对产业结构的影响研究。胡艳等（2021）运用 python 采集了长三角地区 41 个城市的数据，研究了 2009—2019 年间数字经济对产业结构升级的影响，结果发现数字经济能够显著促进产业结构转型，并存在正向的空间溢出效应。李英杰等（2021）基于 2012—2018 年我国省级面板数据，分别从数字基础设施、数字产业化、产业数字化三个维度出发，研究了数字经济对产业结构优化的作用，研究发现与中西部地区相比，东部省份产业结构升级指数相对较高且不同省份间差距较大；数字经济对产业结构升级的作用机制存在空间差异性，即产业数字化对西部地区产业结构优化带来的效应更大，而中部和东部地区的数字基础设施建设推动产业结构向更高级形态演进的效果更加显著。陈兵等（2021）基于 2003—2019 年我国省际面板数据，通过交互效应检验模型研究了数字经济对产业结构升级的影响机制，结果显示数字经济对产业结构升级的促进作用存在地区差异，财政支出、城市化建设对数字经济促进产业结构高级化产生影响，人力资本助力数字经济推动实现产业结构合理化。王玉（2021）基于 2015—2019 年我国省际面板数据，通过莫兰指数和 Lisa 聚集图来检验数字经济发展和产业结构升级的空间相关性，发现二者之间存在空间上的依赖性，并构建了空间滞后模型和空间误差模型，实证结果显示科研、金融、互联网的发展会促进产业结构升级，但信息技术对产业结构升级优化的影响效果在统计上是不显著的。姚维瀚等（2021）构建了有调节的中介效应模型，研究了在疫情背景下数字经济对产业结构升级的影响机制，发现数字经济有助于提升创新能力，加大研发投入，从而促进产业结构升级。陈晓东等（2021）将数字产业化和产业数字化综合起来，基于灰关联熵模型，并结合耗散结构理论进行研究，发现2002—2012年信息技术发展缓慢，对产业结构升级的作用不明显，2013年以后，数字经济逐渐渗透到传统产业中，促进了传统产业的数字化转型，推动了产业结构的优化升级，并认为数字产业化是产业结构升级的基础，但是产业数字化对产业结构优化升级带来更大的效应。戴丽娜等（2022）构建面板分位数回归模型分析了2014—2019年间数字经济对河南省产业结构的影响，发现数字经济能够在某种程度上抑制产业结构的偏离，作用程度呈现由强变弱再变强的特征。秦建群等（2022）基于2004—2019年我国284个城市的面板数据分析了数字经济对产业结构升级的影响及作用机制，采用互联网普及率、移动电话普及率、从业人员信息、产出情况构建了数字经济发展水平指标体系，产业结构升级水平用产业结构高级化指数衡量，实证分析结果显示数字经济促进了城市产业结构的升级，对西部地区产业结构的促进作用越大，东部次之，对中部地区的促进作用最小且是不显著的，数字经济通过促进技术创新、推动金融发展最终实现产业结构升级。

综上所述，不少学者基于产业结构优化升级的测度，分别对数字经济与传统一、二、三产业以及产业结构优化升级的关系进行了大量研究，对影响机制进行了探索。这些都为本书后续的研究提供了重要基础，但随着数字经济的快速发展，其对产业结构的影响机制日趋复杂，有待进一步深入研究，其具体影响效应也有待于进一步检验。因此，本书将在当前研究基础上，深入挖掘分析数字经济对产业结构优化升级的作用机制，全面分析我国产业结构现状，使用面板数据模型就数字经济对产业结构升级优化的影响效应从多角度进行实证分析。

## 5.2 数字经济影响产业结构发展的作用机制

### 5.2.1 数字经济改造传统产业，促进产业结构优化升级

“高渗透性”意味着数字经济可以利用数字技术改变传统生产、管理、流通方式，实现第一、二、三产业与数字技术的融合，推动产业结构升级。

在数字经济背景下，农村积极把握发展新机遇，加强现代信息数字技术与农村农业发展深度融合。第一，数字经济提升了农产品生产加工效率。传统的农业生产往往依靠人的体力劳动，且易受到自然灾害的影响，农产品产量较低，价格也比较低。目前，利用农业传感技术可以测量土地湿度、温度、酸碱性、二氧化碳浓度等，以这些科学数据作为依据，精准把控品种选择、化肥用量、灌溉需求以及农药使用情况，从而更加有效地利用土地，提高农业生产效率。第二，数字经济能够更精确地匹配供求信息。利用信息技术定期对农作物的种类、产量等进行分析，一方面可以及时根据供求关系对种植作物的种类及数量及时调整，促进农业生产加工的智能化，另一方面为国家粮食安全提供了决策依据。第三，数字经济能改变交易方式，实现规模经济。在农产品销售环节，构建农村电子商务平台实现“网货下乡”和“农产品进城”双向流通。农民可以通过电商平台购买生活用品，节约了购买成本；也可以通过电商平台将农产品直接卖给个人消费者，省去了中间零售商环节，大大降低了农产品的销售成本。同时，电商平台的销售范围更广，可以将农产品售往全国各地。因此，数字经济产业与第一产业的融合推动了农业生产的发展。

毫无疑问，工业对于一个国家的经济发展和持续繁荣稳定具有非同寻常的作用。新中国成立以来，由于我国工业基础薄弱、经验不足、缺乏资

金和专业人才等，我国走上了一条粗放、低效的传统工业道路。经过多年努力，我国工业化绿色转型发展已取得显著成就。但与发达国家相比，我国在工业能源消耗强度、污染物排放等方面还存在一定的差距。党的十九大以来，党中央积极推进数字经济与实体经济的融合，以互联网、物联网、区块链等信息技术为核心的数字经济的快速发展，把生产商、工厂、生产线、供应商、产品、客户等紧密联系起来，实现了各种生产要素配置优化，生产方式也更加自动化和智能化，提高了生产效率，降低了成本。首先，数字技术使得工业生产更智能，提高了资源利用率。通过历史数据分析，预测合理的投入产出比例。在生产过程中，自动搜集控制生产数据，减少人力投入，还可以降低不必要的能源消耗。此外，智能监测工业排放物参数，实现工业生产的集约化、绿色化，提高各生产要素的利用率。其次，数字技术推动了“以用户需求为中心”的工业发展。传统的工业生产模式更偏重规模化、标准化，而数字经济背景下，个性化定制成为新发展趋势。通过信息技术分析市场现状，充分了解市场需求，并根据市场需求制定生产策略，大大减少存货积压和资金占用，降低生产管理成本。同时，产品生产方式从标准化向个性化转变，有助于生产供应与客户需求相匹配，而电子商务对传统工业产品的销售模式进行创新，拓宽了销售渠道。数字经济从这些方面推动了第二产业的发展。

第三产业的数字化转型发展是推动产业结构升级优化不可缺少的一步。数字技术与第三产业的深度融合，不仅提高了行业生产效率，也使得分工更加合理，内容更加丰富，服务更加智能。第一，数字经济使服务可以被储存起来。以服务业为代表的第三产业往往是在生产的同时也会被消费掉，很难被储存下来，即生产和消费过程是难以分离的。但是，数字技术的发展使得一部分的服务产品可以以数字化的形式储存下来。电子专辑、网课、电子政务服务等都打破了传统服务生产和消费同时进行的限制。第二，数字经济扩大了服务范围。许多传统的服务业由于地理距离的限制无法进行跨区域交易，即使可以跨地区交易，交易成本也会大大增加，这些都限制了第三产业的发展。但是，数字技术的广泛使用打破了这一局面，通过互联网进行线上会议、远程办公、远程看病等，逐渐摆脱了地域限制，扩大了服务范围，降低了双方的交易成本。第三，数据成为新的生产要素，使得服务精准化、多样化。随着数字技术的飞速发展，越来越多的数据被记录下来。得数据者得天下，利用数据可以对市场、消费者进行更精准的定位，从而做出更优的决策。同时，新的元素不断融入传统服务业中，形成了互联网金融、云旅游等新模式，极大地促进了第三产业的发展和产业结构的转型。

### 5.2.2 数字经济产业促进新兴产业形成，带动产业结构优化升级

数字经济产业打破了传统产业间的清晰边界，推动产业朝着“数字化”方向发展。传统模式下，各产业间相对界限清晰。不同产业间存在不同程度的进入、退出壁垒，同一产业的不同企业之间往往也存在一定竞争关系。而在数字经济时代，产业间的边界变得模糊起来，开始走向融合。作为数字经济的重要组成部分之一，产业数字化强调传统产业与数字经济的融合。传统产业利用数字技术变革完善生产管理模式，推动产业向数字化、智能化、无形化转型，突破产业间的界限，促进新兴产业的产生。

数字技术向关联产业延伸融合，形成了新业态。新业态是不同产业间进行分化、融合以及跨界整合，实现经营模式以及商业模式的创新，形成新的产业模式。企业发展需要、数字技术驱动、消费者需求倒逼等因素是新业态形成的重要因素。再加上新冠肺炎疫情这一特殊时期，加快了新业态的形成。新冠肺炎疫情的暴发不仅对各国的经济造成了一定冲击，也给人们的日常生活工作造成影响，企业也因受到疫情影响出现财务困难、销路不畅等状况，急需寻求出路来突破发展困境。视频会议等原本是受众较小且专业程度要求较高的行业，数字化技术的发展为其提供了强有力的技术支撑。消费者需求逐渐向个性化转变，更加注重产品价值。这些都对传统产业提出了更高要求。正是在这样的背景下，数字技术与金融业、零售业、医疗、教育等传统行业融合，形成了互联网金融、电子商务、在线医疗、在线教育培训等新业态，推动产业结构的升级。

数字经济产业的发展加快了上下游产业融合。传统的产业间关联性不

足，产业分工往往会受到交易成本、生产技术的制约。数字经济通过数字技术使原本独立的产业部门相互合作、互利共赢，打破了生产技术的可达性和经济可行性的限制，扩宽了产业链分工的边界，也加强了产业间关联性。还有，数字技术使得产业链上各分工主体的交易成本不仅没有因为生产过程的延长而增加反而有所降低。如互联网在交易过程中的应用大幅降低了信息成本、时间成本、谈判成本等组织成本；物联网技术优化了物流管理，节约了运输成本，提升了运输效率，因此，交易成本对产业链分工的制约由于数字技术的融入逐渐被弱化。此外，数字技术融入产业链，提升了生产效率，也提供了新的价值增值空间。

### 5.2.3 数字经济产业重塑需求端，拉动产业结构优化升级

在大数据、区块链、物联网、人工智能等数字技术的引领下，数字经济不仅在各产业生产资源调配、配置优化等方面发挥着重要作用，也对人们的生活、工作需求有着潜移默化的影响。

数字经济已成为国家或者地区发展的新动能，发展势头强劲。当前，数字技术被广泛应用于各领域，已在政务、消费、民生等领域释放红利。政务服务小程序使得足不出户便可以快捷查询办理相关业务；电子支付也逐渐打消人们的安全顾虑，“不带现金轻松出门”成为习惯；线上会议突破了地域限制，提高了学习工作效率等。数字经济的发展改变了人们的传统生活方式和习惯，使得产品、服务向着“数字化”“无形化”方向发展。人们对于数字消费需求的增加将使得资源向数字经济产业流动，促进数字经济产业的发展。而数字经济产业的发展又将进一步促进本产业高质量发展，尤其是在数据技术的基础上发展起来的电子支付、平台经济、共享经济等新业态将更能满足人们的需求，比传统产业更具有核心竞争力，推动产业结构调整。

随着手机和互联网的普及，人们越来越多的数据被记录下来。互联网平台搜集消费者数据，对信息进行多维度的挖掘分析，从而实现个性化定制、精准营销。消费者的需求对供给侧形成牵引作用。经过产业链上下游

间信息的层层反馈，使得产品、服务能够更好满足消费者差异化需求。同时，信息匹配重塑了供求匹配方式，更大限度地激发了顾客的消费潜能。数字经济产业与传统产业的融合，使得生产者能够更加及时准确地感知市场变化，并快速对市场变化做出应对。因此，数字技术的应用成为传统产业的核心竞争优势，推动着产业结构调整。

对于传统产业来说，智能制造是对生产方式最直接彻底的变革。用机器替代人工生产，将劳动力从繁重重复的工作中解放出来，提高了相关产业的效率和质量，使得产业成本降低，产品售价也就有了更大的变动空间。对于质量相同的产品，价格低能够快速抢占市场，也可以刺激消费需求，使产品销量大幅度增加，从而带动相关产业的发展。同时，企业可以与供应商、经销商、零售商等上下游企业结合起来，进一步控制成本，形成良性循环。这些方面都在重塑着需求端，推动相关产业发展，促进产业结构优化升级。

## 5.3 我国产业结构现状分析

### 5.3.1 三次产业产值结构变化

改革开放以来，我国实现了经济快速发展奇迹，三次产业产值呈现出持续稳定增长的趋势。其中，第三产业发展尤为迅猛，增加值从 1978 年的 905.1 亿元增长到 2020 年的 553976.8 亿元，大约增长了 611 倍。其次，第二产业发展快速，其增加值从 1978 年的 1755.1 亿元增长到 2020 年的 384255.3 亿元。第一产业的增加值也在持续稳定增长，从 1978 年的 1018.5 亿元增长到 2020 年的 77754.1 亿元。

纵观 1978—2020 年我国三次产业发展历程（见图 5－1），三次产业增加值增长的同时，产业结构也处于不断的升级优化过程中。由图 5－2 可知，我国产业结构总体上由“二一三”演变为“三二一”模式，三大产业GDP占比从1978年的7:12:6变为2020年的2:9:14。具体来看，第一产业GDP占比总体上逐年下降，2009年后第一产业GDP占比稳定在10%以内。相较于第一、三产业GDP变动趋势，第二产业比重波动较小，维持在37.8%—47.7%的范围内。2012年左右，我国第二产业和第三产业GDP占比基本持平，分别为45.4%和45.5%。第三产业逐渐在我国经济发展中占据主导地位。第三产业GDP占比稳步上升，2020年比重达到了54.53%，超过了第一、二产业比重之和45.5%。

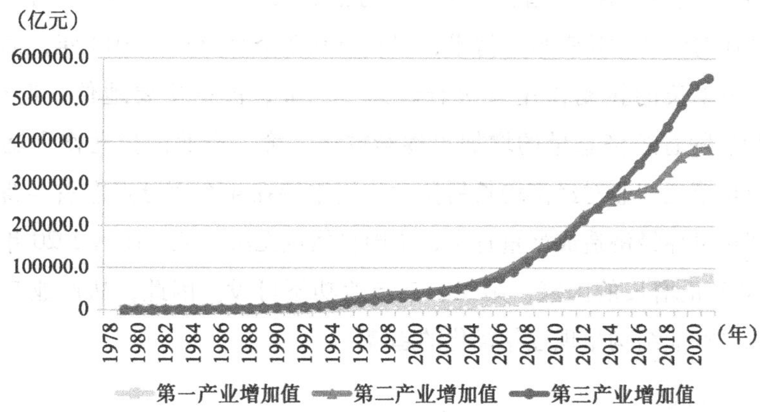


**图5-1　1978—2020年我国三产业增加值**

**数据来源：根据《中国统计年鉴》数据资料整理。**

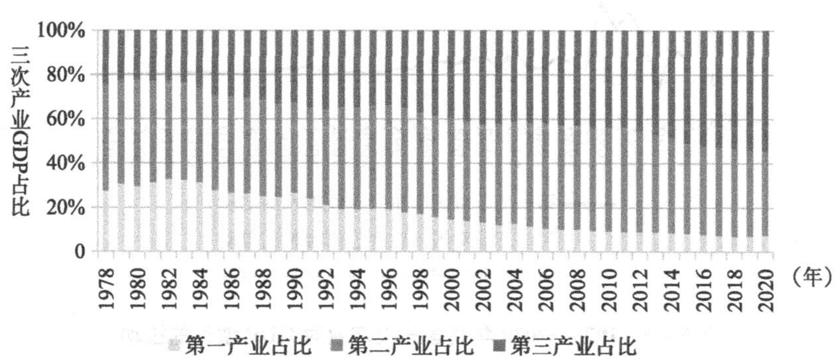


**图5-2　1978—2020年我国三次产业GDP占比**

**数据来源：根据《中国统计年鉴》数据资料整理。**

从三次产业对 GDP 增长的拉动作用（见图 5－3）和增长贡献率（见图 5－4）来看，不同阶段三次产业对 GDP 增长的拉动作用和贡献率是不同的。1978—1984 年，第一产业和第二产业对经济增长的拉动作用较大，且存在较大的波动。1985 年之后，第一产业对经济增长的拉动作用趋于稳定，第二产业的拉动作用波动仍较大。1990 年，第二产业仅拉动 GDP 增长 1.6 个百分点，而 1992 年拉动 GDP 增长 9.0 个百分点。1992 年以后，第二产业对经济增长的拉动作用总体上在变小，第三产业对经济增长的影响逐渐增强，但是第二产业在经济发展中仍保持着主要地位。2008 年左右，第二产业拉动经济增长 4.7 个百分点，第三产业拉动 4.5 个百分点，两大产业对经济的拉动接近持平，仅相差 0.2 个百分点。2014 年，第三产业对经济增长的拉动作用首次赶超第二产业，占据主要地位。近年来，GDP 增速随着经济总量的增加也逐渐放缓，第二产业的拉动作用逐年变小，但是第三产业对经济增长的拉动作用维持在 4 个百分点左右。新冠肺炎疫情对世界经济造成严重打击，中国自然也无法幸免。作为 2020 年全球唯一 GDP 正增长的国家，第二、三产业功不可没。因此，从产业产值上看，我国产业结构呈现逐年优化的趋势。

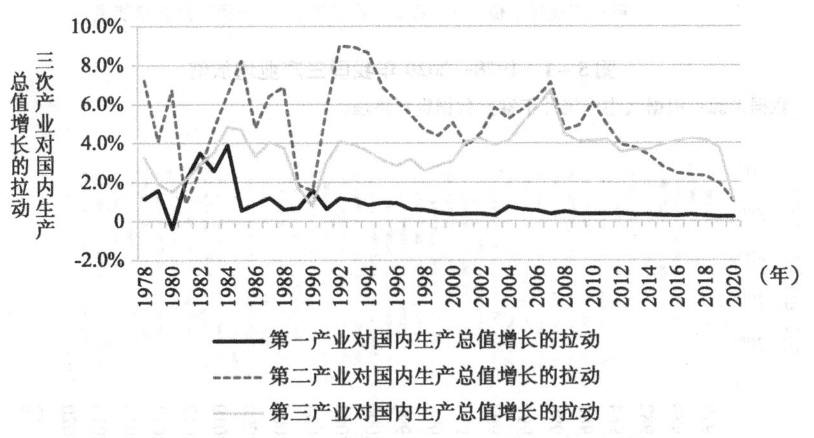


**图 5－3　1978—2020 年我国三次产业对 GDP 增长的拉动**

数据来源：根据《中国统计年鉴》数据资料整理。

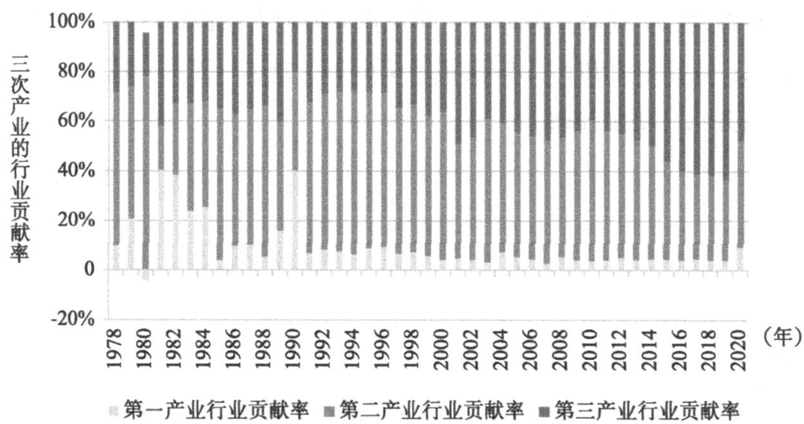


**图5-4 1978—2020年我国三次产业行业贡献率**

数据来源：根据《中国统计年鉴》数据资料整理。

## 5.3.2 三次产业就业结构变化

产业结构的升级优化不仅促进了产业产值结构的合理化，也促进了产业就业结构的优化。由图5-5可见，我国三次产业就业总人数逐年上升，1978—1990年就业人数增长速度较快，1990年之后增长放缓。从三次产业就业结构来看，我国产业就业结构由"一二三"转变为"三二一"模式，产业就业结构"服务化"特征更加显著。

作为人口大国，温饱问题是关系我国经济发展、社会稳定的大事，农业对于国家发展的重要性不言而喻。农业生产需要大量的劳动力，因此，我国劳动人口在较长一段时期集中于第一产业。在产业就业结构中（见表5-1），第一产业就业人数占比最大。随着机械化水平的提高，农业生产中的劳动力需求量降低。再加上地区间、城乡间劳动力的频繁流动等原因，从事农业生产的人数在逐年减少。劳动力由第一产业流向第二、三产业，尤其是第三产业。第二、三产业就业人数逐年增长，第三产业就业人数增长速度更快。1994年第三产业就业人数超过第二产业就业人数，并于2011年首次超过第一产业就业人数，成为三大产业中就业人数最多的产业。2014年以后，第三产业就业人数占比达到了三次产业总人口的40%以上，并在持续稳步提高。2020 年，第三产业就业人数占比达到 47.7%，与第一、二产业比重之和 52.3% 仅相差 4.6 个百分点。因此，我国产业就业结构“服务化”更加显著。

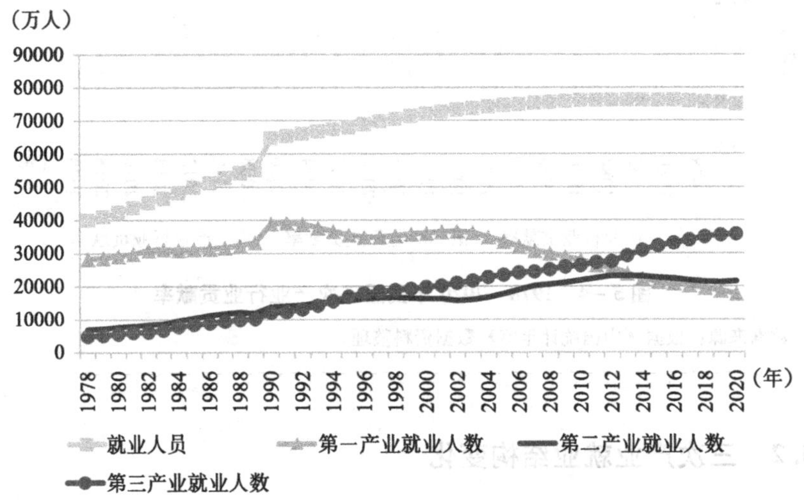


**图 5－5　1978—2020 年我国三次产业就业人数**

数据来源：根据《中国统计年鉴》数据资料整理。

**表 5－1　　1978—2020 年我国三次产业就业人数及占比**

| 年份 | 第一产业 | | 第二产业 | | 第三产业 | |
|---|---|---|---|---|---|---|
| | 人数（万人） | 比重（%） | 人数（万人） | 比重（%） | 人数（万人） | 比重（%） |
| 1978 | 28318 | 70.5 | 6945 | 17.3 | 4890 | 12.2 |
| 1979 | 28634 | 69.8 | 7214 | 17.6 | 5177 | 12.6 |
| 1980 | 29122 | 68.7 | 7707 | 18.2 | 5532 | 13.1 |
| 1981 | 29777 | 68.1 | 8003 | 18.3 | 5945 | 13.6 |
| 1982 | 30859 | 68.1 | 8346 | 18.4 | 6090 | 13.5 |
| 1983 | 31151 | 67.1 | 8679 | 18.7 | 6606 | 14.2 |
| 1984 | 30868 | 64.0 | 9590 | 19.9 | 7739 | 16.1 |
| 1985 | 31130 | 62.4 | 10384 | 20.8 | 8359 | 16.8 |
| 1986 | 31254 | 60.9 | 11216 | 21.9 | 8811 | 17.2 |
| 1987 | 31663 | 60.0 | 11726 | 22.2 | 9395 | 17.8 |
| 1988 | 32249 | 59.3 | 12152 | 22.4 | 9933 | 18.3 |

续表

| 年份 | 第一产业 | | 第二产业 | | 第三产业 | |
|---|---|---|---|---|---|---|
| | 人数（万人） | 比重（%） | 人数（万人） | 比重（%） | 人数（万人） | 比重（%） |
| 1989 | 33225 | 60.1 | 11976 | 21.6 | 10129 | 18.3 |
| 1990 | 38914 | 60.1 | 13856 | 21.4 | 11979 | 18.5 |
| 1991 | 39098 | 59.7 | 14015 | 21.4 | 12378 | 18.9 |
| 1992 | 38699 | 58.5 | 14355 | 21.7 | 13098 | 19.8 |
| 1993 | 37680 | 56.4 | 14965 | 22.4 | 14163 | 21.2 |
| 1994 | 36628 | 54.3 | 15312 | 22.7 | 15515 | 23.0 |
| 1995 | 35530 | 52.2 | 15655 | 23.0 | 16880 | 24.8 |
| 1996 | 34820 | 50.5 | 16203 | 23.5 | 17927 | 26.0 |
| 1997 | 34840 | 49.9 | 16547 | 23.7 | 18432 | 26.4 |
| 1998 | 35177 | 49.8 | 16600 | 23.5 | 18860 | 26.7 |
| 1999 | 35768 | 50.1 | 16421 | 23.0 | 19205 | 26.9 |
| 2000 | 36043 | 50.0 | 16219 | 22.5 | 19823 | 27.5 |
| 2001 | 36399 | 50.0 | 16234 | 22.3 | 20165 | 27.7 |
| 2002 | 36640 | 50.0 | 15682 | 21.4 | 20958 | 28.6 |
| 2003 | 36204 | 49.1 | 15927 | 21.6 | 21605 | 29.3 |
| 2004 | 34830 | 46.9 | 16709 | 22.5 | 22725 | 30.6 |
| 2005 | 33442 | 44.8 | 17766 | 23.8 | 23439 | 31.4 |
| 2006 | 31941 | 42.6 | 18894 | 25.2 | 24143 | 32.2 |
| 2007 | 30731 | 40.8 | 20186 | 26.8 | 24404 | 32.4 |
| 2008 | 29923 | 39.6 | 20553 | 27.2 | 25087 | 33.2 |
| 2009 | 28890 | 38.1 | 21080 | 27.8 | 25857 | 34.1 |
| 2010 | 27931 | 36.7 | 21842 | 28.7 | 26332 | 34.6 |
| 2011 | 26472 | 34.7 | 22539 | 29.6 | 27185 | 35.7 |
| 2012 | 25535 | 33.5 | 23226 | 30.4 | 27493 | 36.1 |
| 2013 | 23838 | 31.3 | 23142 | 30.3 | 29321 | 38.4 |
| 2014 | 22372 | 29.3 | 23057 | 30.2 | 30920 | 40.5 |
| 2015 | 21418 | 28.0 | 22644 | 29.7 | 32258 | 42.3 |
| 2016 | 20908 | 27.4 | 22295 | 29.3 | 33042 | 43.3 |
| 2017 | 20295 | 26.7 | 21762 | 28.6 | 34001 | 44.7 |
| 2018 | 19515 | 25.7 | 21356 | 28.2 | 34911 | 46.1 |

续表

| 年份 | 第一产业 | | 第二产业 | | 第三产业 | |
|---|---|---|---|---|---|---|
| | 人数（万人） | 比重（%） | 人数（万人） | 比重（%） | 人数（万人） | 比重（%） |
| 2019 | 18652 | 24.7 | 21234 | 28.2 | 35561 | 47.1 |
| 2020 | 17715 | 23.6 | 21543 | 28.7 | 35806 | 47.7 |

数据来源：根据《中国统计年鉴》数据资料整理。

## 5.4 我国产业结构优化升级水平测度

### 5.4.1 产业结构优化升级水平测度方法

基于现有文献，指标法是目前学术界对产业结构优化升级测度的主要方法，一种是单指标法，主要是通过产业结构层次系数、产值比例、各产业产值占比与生产率的乘积之和等来测度产业结构升级水平；另一种是多指标法，主要是通过构建指标体系或从高度化和合理化来测度产业结构优化升级。本书结合实际，从产业结构高级化和产业结构合理化两个方面对产业结构优化升级水平进行测度。

产业结构合理化指各产业之间协调发展，这一协调指的是要素分配、资源利用以及生产规模等方面的协调发展，实现各产业部门要素投入结构优化，资源利用效率提高，促进产业整体发展。本书参考干春晖（2011）等人的研究，构造泰尔指数对产业结构合理化进行测度。

$$TL = \sum_{i=1}^{n} (\frac{Y_i}{Y}) \ln(\frac{Y_i}{L_i} / \frac{Y}{L}) \tag{5-1}$$

其中，$Y$表示地区生产总值；$Y_i$表示第$i$产业的产值；$L$表示年末就业总人数；$L_i$表述第$i$产业的年末就业人数；$i$表示产业，取值为1、2、3；$n=3$。$Y/L$表示生产率，当经济均衡时，各产业生产率水平相同，即$Y_i/L_i=Y/L$，从而$TL=0$。此外，$Y_i/Y$表示产出结构，$L_i/L$表示就业结构，因

此 $TL$ 也反映了产出结构和就业结构耦合性。同时，考虑到各产业在经济体中的重要程度，对三次产业进行加权。泰尔指数主要是表示经济体偏离均衡状态的程度，泰尔指数不为0，表明产业结构偏离均衡状态，即产业结构不合理，其值越接近于0，表明产业结构越合理。

产业结构升级指产业结构从低层次向高层次发展阶段演变。根据配第－克拉克定理的产业结构理论，产业结构升级具体表现为：国民经济中第一产业的地位不断降低，而第二、第三产业的产值的比重不断提高，且第三产业的变化程度最大。目前学术界对产业结构高级化指数的测度主要是基于各产业产值与GDP构建指标，本书参考靖学青（2005）的方法，综合考虑三次产业在国民经济中的地位，基于三大产业产值比重及其权重构建产业结构高级化指数，如下所示：

$$TS = \sum_{i=1}^{n} q_i \times i \tag{5-2}$$

其中，$q_i$ 表示第 $i$ 产业的产值占总产值的比重；$i$ 表示产业，取值为1、2、3；$n=3$。$TS$ 的取值范围介于1—3，越接近于1，表示第一产业在国民经济中的占比较大，产业结构高级化水平越低，越接近于3，表示第三产业在经济中占主导地位产业结构优化升级水平越高。

## 5.4.2　我国产业结构优化升级的时空演变分析

产业结构高级化指数和合理化指数共同描述了我国十年间产业结构优化升级的变化情况。产业高级化指数为正向指标，其值越大，产业结构层次越高，而产业结构合理化指数为反向指标，其值越接近于0，产业结构合理化程度越高。

### 5.4.2.1　我国产业结构合理化的时空演变

从时间上看（见图5－6），我国产业结构合理化指数呈下降趋势，只有少数年份出现小幅度的波动，这说明我国产业结构合理化水平在不断优化，产业发展和就业的相适程度不断上升。从空间上看，东、中、西以及东北部地区的产业结构合理化程度大体上都呈下降趋势。然而，不同区域产业结构合理化水平存在较大的差异，其中东部地区的产业合理化水平高于全国平均水平，同时也高于中、西部和东北地区，原因可能是东部地区地理位置优越，再加上早期的政策影响，导致其经济基础优于中、西部以及东北地区，产业结构的整体布局也更为合理。而西部地区产业结构合理化程度最低。中部及东北部地区位于二者之间。2011 年，东部地区产业结构合理化指数为 0.1288，而西部地区达到了 0.3595，其差值为 0.2307。2020 年，东部地区产业结构合理化指数为 0.0504，西部地区为 0.1463，二者相差 0.0959。这一数据表明区域间的产业结构合理化水平差距在缩小，但中、西部及东北地区仍需要加大产业结构调整力度，优化产业结构，提高产业结构合理化水平。

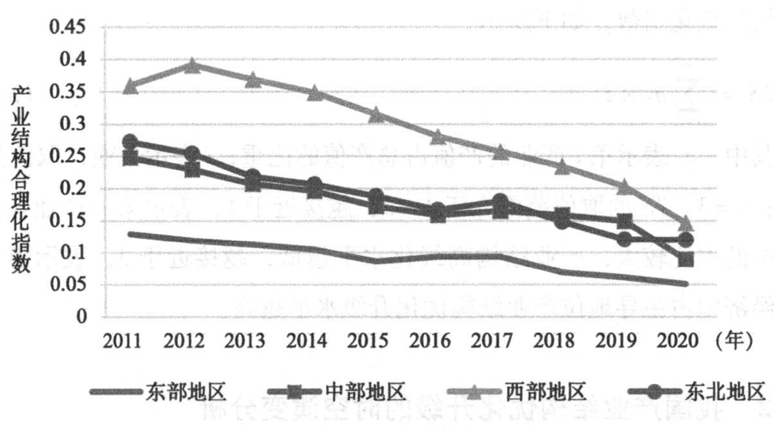

**图 5-6　2011—2020 年我国产业结构合理化的时空演变图**

### 5.4.2.2　我国产业结构高级化的时空演变

从时间维度上看（见图 5-7），我国产业结构高级化指数在 2011—2020 年呈现上升的发展趋势。2011 年该指数值是 2.3512，到 2020 年已上升到 2.4687，说明我国的产业结构优化升级水平不断提高。从空间维度上看，东、中、西部以及东北地区的产业结构高级化水平基本呈现上升趋势，其中东部地区高于全国平均水平，而中、西部以及东北地区持续低于全国平均水平。2011—2014 年，西部地区的产业结构高级化水平高于中部地区，2015 年以后，中部地区则略高于西部地区，但中、西部地区与东部地区的差距仍然较大。这表明中、西部地区的产业结构有待进一步调整，进而提升产业结构高级化水平。而东北部地区的产业结构高级化水平在2018年出现下降，且低于中、西部地区，这可能是因为东北地区作为老工业基地，长期依赖于工业发展，导致第三产业发展较为缓慢，同时受东北地区自然环境等因素的影响，人才流失严重，科技创新能力较为薄弱，产业转型动力不足，导致东北地区产业结构高级化水平下降。

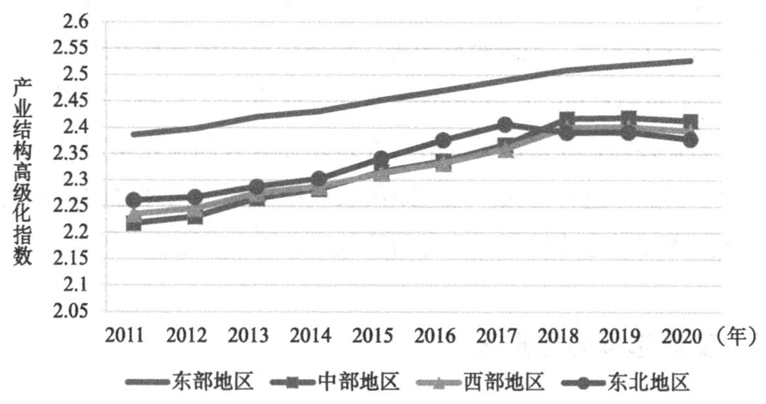


**图5-7　2011—2020年我国产业结构高级化的时空演变图**

## 5.5　模型构建、变量选择与数据来源

### 5.5.1　模型构建

从前文的分析中，可以看出数字经济与产业结构之间存在一定的空间关系。因此，选择运用空间计量模型研究数字经济对产业结构优化升级的影响效应。目前空间计量模型主要可以分为以下三种：

空间滞后模型（SAR）：$Y = \rho WY + X\beta + \varepsilon$　　(5-3)

空间误差模型（SEM）：$Y = X\beta + \lambda W\varepsilon + \mu$　　(5-4)

空间杜宾模型（SDM）：$Y = \rho WY + X\beta + \delta WX + \varepsilon$ (5-5)

其中，$Y$为被解释变量；$X$为解释变量；$W$为空间权重矩阵；$\varepsilon$为随机误差项；SAR模型中$\rho$表示邻近地区被解释变量对本地区被解释变量的影响；SEM模型中$\lambda$表示邻近地区误差项对本地区被解释变量的影响；SDM模型中$\rho$表示邻近地区被解释变量对本地区被解释变量的影响；$\delta$表示邻近地区解释变量对本地区被解释变量的影响。

空间权重矩阵是空间计量模型分析的重要前提，常用的空间权重矩阵主要有0—1邻接矩阵、地理距离矩阵、经济距离矩阵三种形式。对于0—1邻接矩阵，1表示相邻，0表示不相邻，一般有以下三种方式定义邻居，一种是以拥有共同边界来定义，第二种是以拥有共同顶点来定义，第三种是以共边、共点来进行定义。地理距离权重矩阵根据两地之间的距离来确定，经济距离权重矩阵根据两地之间的经济差距来确定。

### 5.5.2 变量选取与数据来源

被解释变量：产业结构合理化指数（TL）和产业结构高级化指数（TS）。通过梳理文献，认为产业结构合理化和产业结构高级化二者结合，能更为全面地反映产业结构优化升级水平，因此，选用这两个指标作为被解释变量进行实证研究。

核心解释变量：数字经济发展水平指数（digit）。由前文构建指标体系测得，较为全面地反映了我国各地区数字经济发展水平。

控制变量：（1）政府干预（gover），由地区一般公共预算支出与地区GDP的比值表示；（2）外商直接投资（fdi），用地区外商投资企业投资总额占地区GDP的比重来反映；（3）创新能力（innov），由地区专利授权申请数来衡量；（4）人力资本（hum），采用平均受教育年限衡量，其计算方法为：小学人口数×6+初中人口数×9+高中人口数×12+大专及以上人口数×16/6岁以上总人口；（5）固定资产投资（fix），用固定资产总额与地区GDP的比值来衡量。模型变量说明见表5-2。

表5-2　　模型变量说明

| 变量类型 | 变量名称 | 测度方法 | 代表符号 |
|---|---|---|---|
| 被解释变量 | 产业结构合理化 | $TL = \sum_{i=1}^{n}(\frac{Y_i}{Y})\ln(\frac{Y_i}{L_i}/\frac{Y}{L})$ | TL |
| | 产业结构高级化 | $TS = \sum_{i=1}^{n} q_i \times i$ | TS |
| 核心解释变量 | 数字经济发展水平 | 指标体系测度 | digit |
| 控制变量 | 政府干预 | 地区一般公共预算支出/地区 GDP（%） | gover |
| | 外商直接投资 | 地区一般公共预算支出（亿元） | fdi |
| | 创新能力 | 地区专利授权申请数（项） | innov |
| | 人力资本 | 地区平均受教育年限（年） | hum |
| | 固定资产投资 | 固定资产总额/地区 GDP（%） | fix |

本章数据均来自于《中国统计年鉴》及各省统计年鉴。因数据缺失严重，剔除掉西藏，最终选取2011—2020年中国30个省（市、自治区）为样本进行实证分析，其中少量缺失数据采用插补法进行完善。相关变量的描述性统计如表5-3所示。

表5-3　　各变量描述性统计

| 变量类型 | 变量 | 样本数 | 平均值 | 标准差 | 最小值 | 最大值 |
|---|---|---|---|---|---|---|
| 被解释变量 | TL | 300 | 0.1963 | 0.1411 | 0.0079 | 0.7761 |
| | TS | 300 | 2.3778 | 0.1285 | 2.1663 | 2.8357 |
| 解释变量 | digit | 300 | 0.1620 | 0.1198 | 0.0361 | 0.7541 |
| 控制变量 | gover | 300 | 26.4395 | 11.4485 | 11.9612 | 75.8293 |
| | fdi | 300 | 11.5745 | 16.4786 | 0.0113 | 75.8293 |
| | innov | 300 | 24997.17 | 41289.9 | 168 | 305665 |
| | hum | 300 | 9.2396 | 0.8862 | 7.5138 | 12.6811 |
| | fix | 300 | 0.7930 | 0.2579 | 0.2099 | 1.4795 |

## 5.6 我国数字经济对产业结构发展影响的实证分析

### 5.6.1 空间相关性检验

#### 5.6.1.1 全局空间相关性检验

在进行空间计量分析之前，需要对被解释变量和解释变量进行全局空间自相关性的检验以确定变量是否存在空间相关性。本章采用 Moran's I 指数对变量的空间相关性进行检验。

$$Moran's\ I = \frac{\sum_{i=1}^{n}\sum_{j=1}^{n} W_{ij}(x_i - \bar{x})(x_j - \bar{x})}{S^2 \sum_{i=1}^{n}\sum_{j=1}^{n} W_{ij}} \tag{5-6}$$

其中，$x_i$、$x_j$ 分别 $i$ 地区与 $j$ 地区的发展水平，表示样本观测值；$S^2$ 为方差；$W_{ij}$为空间权重矩阵；$n$ 为样本总数。*Moran's I* 指数的取值范围为 [ -1, 1]，当 *Moran's I* 指数大于 0 时表示正相关，小于 0 时表示负相关。前文中对数字经济的空间相关性进行了检验，因此，本章分别对产业结构合理化和产业结构高级化使用地理距离权重矩阵进行检验。其结果如表 5-4 所示：

表 5-4　产业结构合理化指数与产业结构高级化指数的全局莫兰指数

| 年份 | 产业合理化指数 | | | 产业高级化指数 | | |
|---|---|---|---|---|---|---|
| | Moran's I | z 值 | p-value | Moran's I | z 值 | p-value |
| 2011 | 0.137 | 4.772 | 0.000 | 0.051 | 2.614 | 0.009 |
| 2012 | 0.111 | 4.134 | 0.000 | 0.051 | 2.622 | 0.009 |
| 2013 | 0.098 | 3.763 | 0.000 | 0.039 | 2.232 | 0.026 |
| 2014 | 0.100 | 3.792 | 0.000 | 0.047 | 2.484 | 0.013 |
| 2015 | 0.097 | 3.671 | 0.000 | 0.050 | 2.560 | 0.010 |

续表

| 年份 | 产业合理化指数 | | | 产业高级化指数 | | |
|---|---|---|---|---|---|---|
| | Moran's I | z值 | p - value | Moran's I | z值 | p - value |
| 2016 | 0.097 | 3.682 | 0.000 | 0.066 | 3.027 | 0.002 |
| 2017 | 0.082 | 3.258 | 0.001 | 0.076 | 3.342 | 0.001 |
| 2018 | 0.089 | 3.456 | 0.001 | 0.062 | 2.978 | 0.003 |
| 2019 | 0.089 | 3.432 | 0.001 | 0.073 | 3.288 | 0.001 |
| 2020 | 0.046 | 2.209 | 0.027 | 0.085 | 3.637 | 0.000 |

由表5-4可知，10年内我国30个省（市、自治区）的产业结构合理化和产业结构高级化的全局Moran's I指数均大于0，并且在5%的显著性水平下均通过检验，这表明我国30个省（市、自治区）的产业结构具有显著的空间正相关性。从时间维度来看，产业结构合理化指数的全局Moran's I指数呈递减趋势，这表明我国各地区之间产业结构合理化的空间相关性逐渐减小，产业结构合理化水平受相邻地区的影响程度逐渐变小。相反，产业结构高级化指数的全局Moran's I指数呈递增态势，这表明我国各地区之间产业结构高级化的空间相关性逐渐递增，产业结构高级化水平受相邻地区的影响程度逐渐增大。

#### 5.6.1.2　局部空间相关性检验

全局Moran's I指数反映变量的空间相关性的总体特征，但不能对各地区的空间相关性的程度进行描述。因此，需要对变量进行局部空间相关性检验。本章运用Stata16.0绘制2011—2020年产业结构合理化和产业结构高级化的局部莫兰散点图，并具体分析我国2011年和2020年产业结构升级的空间聚集情况（见图5-8至图5-11）。

由图5-8至图5-11可知，在2011年与2020年我国产业结构合理化和产业结构高级化的局部莫兰散点图中，大部分省（市、自治区）都分布在第一和第三象限，这说明我国大部分地区之间的产业结构合理化水平和产业结构高级化水平存在着正向相关关系，且呈现“高—高”和“低—低”的空间聚集趋势。

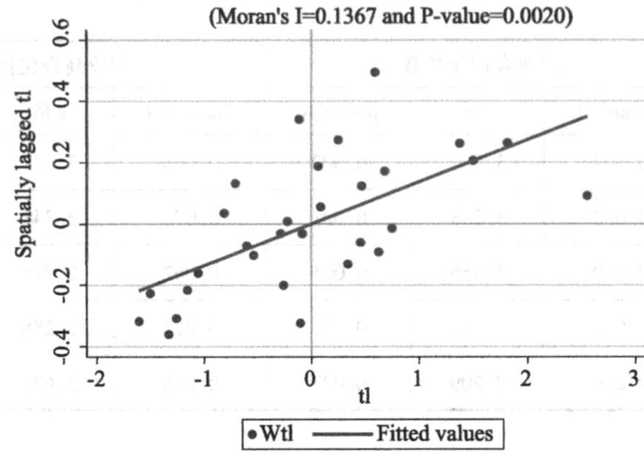


图 5－8　2011 年产业结构合理化局部莫兰散点图

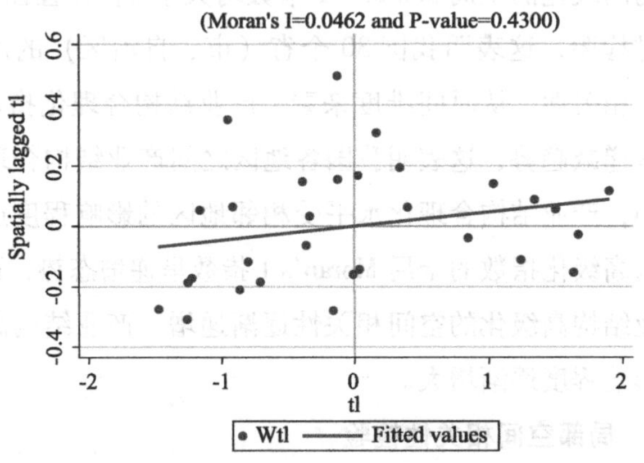


图 5－9　2020 年产业结构合理化局部莫兰散点图

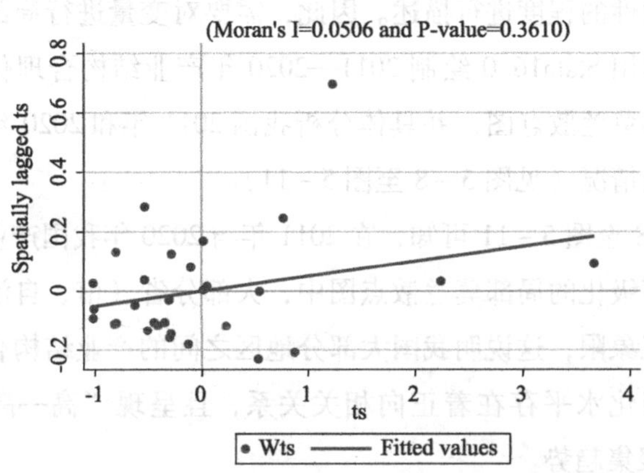


图 5－10　2011 年产业结构高级化局部莫兰散点图

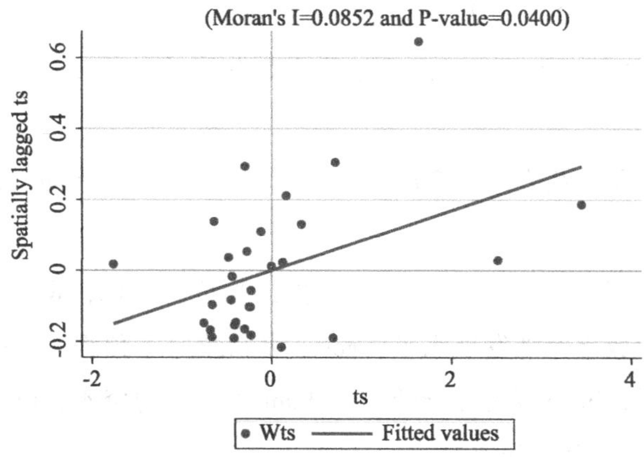


图5－11　2020年产业结构高级化局部莫兰散点图

### 5.6.2　数字经济对产业结构合理化水平影响的实证分析

由数字经济与产业结构发展的全局莫兰指数和局部莫兰指数的分析可知，研究数字经济对产业结构发展的影响引入空间模型是十分必要的。因此，本章将从数字经济对产业结构合理化水平与产业结构高级化水平的影响两个方面展开实证分析，首先是关于数字经济对产业结构合理化水平影响的实证分析。

#### 5.6.2.1　空间滞后模型的构建

为了选择更加合适的空间计量模型，运用拉格朗日乘数形式（LM）检验以及稳健的拉格朗日乘数（Robust LM）检验确定合适的空间计量模型。若 LM－er 与 LM－lag 两个统计量都不显著，则采用 OLS 模型；若 LM－er 与 Robust LM－er 统计量显著，而 LM－lag 与 Robust LM－lag 统计量不显著，则采用空间误差模型（SEM）；若 LM－lag 与 Robust LM－lag 统计量显著，而 LM－er 与 Robust LM－er 统计量不显著，则采用空间滞后模型（SAR）；若 LM 统计量均显著，则采用空间杜宾模型（SDM）。

由表5－5可知，数字经济对产业结构合理化水平的 LM－er 检验结果不显著，Robust LM－er 检验结果在1%的显著水平下显著，而 LM－lag 检验结果和 Robust LM－lag 检验结果在1%的显著性水平下显著。因此，本书选择SAR构建数字经济对产业结构合理化影响的模型。模型具体形式如下：

$$TL = \rho WTL + \beta_1 digit + \beta_2 gov + \beta_3 fdi + \beta_4 innov + \beta_5 hum + \beta_6 fix + \varepsilon \tag{5-7}$$

其中，TL表示产业结构合理化指数，为负向指标；W为空间权重矩阵；digit表示数字经济发展水平；gover表示政府干预程度；fdi表示外商直接投资水平；innov表示创新能力；hum表示人力资本；fix表示固定资产投资水平；$\varepsilon$为随机误差项。

**表5－5　　LM检验结果**

| 检验方法 | LM－er | Robust LM－er | LM－lag | Robust LM－lag |
|---|---|---|---|---|
| 统计值 | 0.018 | 6.812 | 11.041 | 17.835 |
| P值 | 0.893 | 0.009 | 0.001 | 0.000 |

其次，运用Hausman检验对模型的固定效应和随机效应进行选择，数字经济对产业结构合理化水平的Hausman统计量为15.6，P值为0.0161，检验结果在1%的显著水平下不通过，即无法拒绝原假设。因此，选择随机效应的空间滞后模型进行数字经济对产业结构合理化影响效应的实证分析。

#### 5.6.2.2　实证结果分析

运用Stata16.0对2011—2020年30个省（市、自治区）的面板数据进行SAR分析（见表5－6），模型（1）为未加入控制变量的SAR模型，模型（2）为加入控制变量的SAR随机效应模型，模型（3）为加入控制变量的SAR个体固定效应模型，模型（4）为加入控制变量的SAR时间固定效应模型，模型（5）为加入控制变量的SAR双固定效应模型。具体分析结果如表5－6所示。

本书对SAR的五种模型进行回归，重点对模型（2）与模型（3）的SAR随机效应模型进行结果分析。从$R^2$来看，加入控制变量的模型（2）与未加入控制变量模型（1）相比，模型（2）的$R^2$取值较大，这表明本

表5-6 数字经济对产业结构合理化的模型回归结果

| 变量 | (1) | (2) | (3) | (4) | (5) |
|---|---|---|---|---|---|
| digit | -0.274*** | -0.296*** | -0.347*** | -0.0922 | 0.298* |
| | (-3.33) | (-3.03) | (-3.33) | (-0.86) | (1.88) |
| gover | | 0.00201* | 0.00213 | 0.00238*** | 0.00433*** |
| | | (1.87) | (1.59) | (3.50) | (3.11) |
| fdi | | -0.00348*** | -0.00444*** | -0.00254*** | -0.00346*** |
| | | (-5.37) | (-5.28) | (-4.78) | (-3.91) |
| innov | | -0.0000001 | -0.0000002 | -0.0000003 | -0.0000001 |
| | | (-0.56) | (-1.03) | (-1.28) | (-0.25) |
| hum | | -0.0137 | -0.0194 | -0.0231* | 0.0119 |
| | | (-0.84) | (-1.00) | (-1.79) | (0.58) |
| fix | | -0.0854*** | -0.0819*** | -0.0130 | -0.0714*** |
| | | (-3.94) | (-3.87) | (-0.34) | (-3.07) |
| cons | 0.120*** | 0.305** | | | |
| | (3.61) | (2.00) | | | |
| Rho | 0.636*** | 0.646*** | 0.616*** | 0.202 | -0.0850 |
| | (7.35) | (7.76) | (6.64) | (1.13) | (-0.40) |
| R-sq_within | 0.3955 | 0.5003 | 0.4989 | 0.2860 | 0.0594 |
| R-sq_between | 0.4218 | 0.4944 | 0.4957 | 0.4843 | 0.1509 |
| R-sq_overall | 0.3485 | 0.4895 | 0.4827 | 0.4081 | 0.0557 |

注：回归系数下方括号内的数字为相应的统计量，***、**、*分别代表1%、5%、10%的显著性水平。

书控制变量选取的比较合适，加入控制变量后模型解释能力更好。模型(1)与模型(2)中数字经济的估计系数在1%的置信水平下均显著为负，说明数字经济的增长会带来产业结构合理化指数的下降，即数字经济对产业结构合理化水平的促进作用是非常显著的，这表明数字经济能够通过促进传统产业转型升级，加速产业间融合发展，并且催生出新产业、新业态，改变市场需求结构从而推动产业结构升级。在引入的控制变量中，固定资产投资对产业结构合理化具有显著正向影响，固定资产投资方向牵引着产业结构变动。外商直接投资对产业结构合理化也具有显著正向影响，外商直接投资带来的新技术、新管理制度等，使产业结构向合理化方向调整。此外，政府在一定程度上阻碍产业结构合理化进程，这说明政府应放松对产业结构的过多干预，产业结构合理化调整需要市场进行调节。

将空间效应进行分解（见表5-7），直接效应反映了本地区发展指标对本地区的产业结构合理化的影响。从分析结果中可以看出，在1%的显著性水平下，数字经济发展水平的系数为-0.3071，由于产业结构合理化指数为负向指标，说明本地区数字经济发展对本地区产业结构合理化水平具有显著的正向影响。控制变量中，固定资产投资与外商直接投资的系数在1%的显著性水平下均显著为负，说明二者对本地区产业结构合理化发展具有正向促进作用。此外地区政府的过度干预在一定程度上阻碍了本地区产业结构合理化发展。

**表5-7　　SAR模型效应分解**

| 变量 | 直接效应 | 间接效应 | 总效应 |
| --- | --- | --- | --- |
| digit | -0.307*** | -0.524*** | -0.832*** |
| | (-2.99) | (-2.80) | (-3.22) |
| gover | 0.00208* | 0.00379 | 0.00587* |
| | (1.89) | (1.48) | (1.67) |
| fdi | -0.00360*** | -0.00655** | -0.0101*** |
| | (-5.48) | (-2.28) | (-3.10) |
| innov | -0.0000001 | -0.0000002 | -0.0000003 |
| | (-0.54) | (-0.50) | (-0.52) |
| hum | -0.0147 | -0.0257 | -0.0404 |
| | (-0.91) | (-0.81) | (-0.86) |
| fix | -0.0881*** | -0.157** | -0.245*** |
| | (-3.92) | (-2.45) | (-3.13) |

注：回归系数下方括号内的数字为相应的统计量，***、**、*分别代表1%、5%、10%的显著性水平。

间接效应反映了其他地区的发展指标对本地区产业结构合理化的影响。从分析结果上看，在1%的显著性水平下，数字经济发展水平水平的系数为-0.5245，说明邻近地区数字经济发展对本地区产业结构合理化水平具有显著的正向作用。控制变量中，外商直接投资在5%的显著性水平下的系数为-0.0065，表明邻近地区外商直接投资对本地区产业结构合理化水平具有显著正向影响。固定资产投资系数在1%的显著性水平下为-0.1573，表明邻近地区固定资产投资水平对本地区的产业结构合理化具有正向促进作用。从总效应来看，数字经济发展水平、固定资产投资、外商直接投资对产业结构合理化的影响均显著为正，而政府干预对产业结构合理化的影响则为负，这表明在促进产业结构合理化发展时，政府应减少对产业结构的相关干预，发挥市场自动调节作用。

## 5.6.3 数字经济对产业结构高级化水平影响的实证分析

### 5.6.3.1 空间杜宾模型构建

为选择合适的空间计量模型，本书首先进行了拉格朗日乘数形式（LM）检验以及稳健的拉格朗日乘数（Robust LM）检验。检验结果如表5-8所示。

表5-8　　LM检验结果

| 检验方法 | LM-er | Robust LM-er | LM-lag | Robust LM-lag |
|---|---|---|---|---|
| 统计值 | 21.491 | 19.964 | 23.722 | 22.194 |
| P值 | 0.000 | 0.000 | 0.000 | 0.000 |

由表5-8可知，LM检验结果P值均小于0.01，因此，在1%的显著性水平下，拒绝原假设，选择SDM模型分析数字经济对产业结构高级化的影响效应，模型具体形式如下：

$$TS = \rho WTS + \beta_1 digit + \beta_2 gover + \beta_3 fdi + \beta_4 innov + \beta_5 hum + \beta_6 fix + \delta_1 Wdigit + \delta_2 Wgover + \delta_3 Wfdi + \delta_4 Winnov + \delta_5 Whum + \delta_6 Wfix + \varepsilon \quad (5-8)$$

其中，TS表示产业结构高级化指数；W为空间权重矩阵；digit表示数字经济发展水平；gover表示政府干预程度；fdi表示外商直接投资水平；innov表示创新能力；hum表示人力资本；fix表示固定资产投资水平；$\varepsilon$为随机误差项。

接着运用 Hausman 检验对模型的固定效应和随机效应进行选择，其统计量为 68.79，P 值为 0.000，检验结果在 1% 的显著水平下通过，即拒绝原假设，本书适用固定效应模型（见表 5－9）。最后，LR 检验和 Wald 检验的结果一致，且均通过 1% 的显著性检验，表明 SDM 不能退化为 SAR 或 SEM。因此，最终选择空间杜宾固定效应模型进行数字经济对产业结构高级化影响的实证研究。

表 5－9　　模型选择检验结果

| 检验 | 指标 | 统计量 | P 值 |
| --- | --- | --- | --- |
| Hausman 检验 | Hausman_tast | 68.79 | 0.000 |
| LR 检验 | Lrtest sdm sar | 55.60 | 0.000 |
| | Lrtest sdm sem | 51.48 | 0.000 |
| Wald 检验 | Wald test for sar | 48.39 | 0.000 |
| | Wald test for sem | 55.57 | 0.000 |

### 5.6.3.2　实证结果分析

为了比较，运用 Stata16.0 对 2011—2020 年 30 个省（市、自治区）的面板数据进行空间杜宾个体固定效应（1）、时间固定效应（2）以及双固定效应（3）分析，分析结果如表 5－10 所示：

表 5－10　　空间杜宾模型回归结果

| 变量 | (1) | (2) | (3) |
| --- | --- | --- | --- |
| digit | −0.0706 | 0.808 *** | 0.241 *** |
| | (−0.77) | (16.23) | (3.02) |
| gover | 0.000393 | 0.00124 *** | 0.00192 *** |
| | (0.49) | (3.94) | (2.83) |
| fdi | 0.000586 | 0.00112 *** | 0.00251 *** |
| | (1.17) | (4.21) | (5.40) |
| innov | −0.0000001 | −0.0000004 *** | 0.000000 *** |
| | (−0.87) | (−4.80) | (3.15) |

续表

| 变量 | (1) | (2) | (3) |
|---|---|---|---|
| hum | -0.00474 | 0.0183*** | 0.00316 |
| | (-0.41) | (2.82) | (0.33) |
| fix | 0.0163 | -0.0220 | -0.0203* |
| | (1.25) | (-1.34) | (-1.79) |
| W * digit | 0.105 | 0.864*** | 1.295*** |
| | (0.58) | (2.68) | (3.00) |
| W * gover | 0.00124 | 0.00423* | 0.00662 |
| | (0.40) | (1.87) | (1.58) |
| W * fdi | -0.00155 | 0.00454*** | 0.0163*** |
| | (-0.61) | (3.07) | (5.81) |
| W * innov | 0.0000011 | -0.0000016** | 0.0000050*** |
| | (1.61) | (-2.37) | (7.24) |
| W * hum | 0.0574* | 0.0546 | 0.174*** |
| | (1.65) | (1.55) | (2.70) |
| W * fix | -0.0101 | 0.288*** | -0.285*** |
| | (-0.26) | (2.93) | (-4.02) |
| Rho | 0.554*** | -0.305 | -1.554*** |
| | (0.0911) | (-1.29) | (-6.21) |
| R-sq_within | 0.7837 | 0.7096 | 0.6660 |
| R-sq_between | 0.1061 | 0.9374 | 0.3932 |
| R-sq_overall | 0.1123 | 0.8754 | 0.4375 |
| LogL | 658.8155 | 526.7432 | 717.5376 |

注：回归系数下方括号内的数字为相应的统计量，***、**、*分别代表1%、5%、10%的显著性水平。

由表5-11可知，在1%的显著性水平下，SDM个体固定效应与SDM双固定效应模型的空间自相关系数均通过了检验，同时，通过综合分析对数似然估计值和$R^2$，可以得出SDM模型的双固定效应模型较为合适，因此本书适用双固定效应的空间杜宾模型。在双固定效应模型下，在1%的显著性水平下，数字经济发展水平及其滞后项系数均显著为正，数字经济无论是对本地区还是邻近地区的产业结构高级化均有显著正向影响，表明数字经济能够作为新动能促进产业结构升级。在控制变量中，政府干预、外商直接投资以及创新能力在1%的显著性水平下均通过了检验，说明政府干预、外商直接投资以及创新能力对我国产业高级化有显著影响。在产业结构升级发展中，政府给予了一定的政策支持；外商直接投资带来新技术、新管理制度等为产业结构的发展提供了支撑；创新能力为产业结构升级注入了新活力。此外，在10%的显著性水平下，固定资产投资对产业结构升级具有显著的负向影响。固定资产投资带来的资金在产业间的不合理流动，阻碍了产业结构升级。外商直接投资、创新能力、人力资本以及固定资产投资在1%的显著性水平下通过了检验，表明本地区的外商直接投资、创新能力、人力资本对邻近地区的产业结构高级化具有显著的正向传导效应。由于固定资产投资的系数为负向，表明固定资产投资对邻近地区产业结构升级有阻碍作用。

对空间溢出效应进行分解（见表5-11），从直接效应来看，在5%的显著性水平下，数字经济发展水平系数显著为正，说明其对本地区产业结构高级化水平有正向的促进作用，政府干预在显著性水平为5%时系数显著为正，外商直接投资在1%的显著性水平下系数显著为正，可以看出二者对本地区的产业结构高级化有显著正向影响。从间接效应来看，在5%的显著性水平下，本地区数字经济发展水平对周边地区的产业结构高级化具有显著正向作用，表明数字经济对产业结构升级具有显著的正向溢出效应。在1%的显著性水平下，外商直接投资、创新能力、人力资本对产业结构高级化发展具有显著正向促进作用，而固定资产投资对产业结构高级化具有显著负向作用。从总体效应来看，数字经济发展、政府干预、外商直接投资、创新能力、人力资本以及固定资产投资对产业结构高级化具有显著影响。

**表5-11　　SDM双固定效应模型效应分解**

| 变量 | 直接效应 | 间接效应 | 总效应 |
|---|---|---|---|
| digit | 0.195** | 0.415** | 0.609*** |
| | (2.21) | (1.97) | (3.10) |

续表

| 变量 | 直接效应 | 间接效应 | 总效应 |
| --- | --- | --- | --- |
| gover | 0.00171 ** | 0.00159 | 0.00330 ** |
| | (2.48) | (0.92) | (1.98) |
| fdi | 0.00189 *** | 0.00556 *** | 0.00745 *** |
| | (4.06) | (3.96) | (5.68) |
| innov | 0.00000009 | 0.00000202 *** | 0.00000211 *** |
| | (0.79) | (6.22) | (6.83) |
| hum | -0.00578 | 0.0749 *** | 0.0691 *** |
| | (-0.57) | (2.72) | (2.69) |
| fix | -0.00639 | -0.113 *** | -0.119 *** |
| | (-0.56) | (-3.48) | (-3.92) |

注：回归系数下方括号内的数字为相应的统计量，***、**、*分别代表1%、5%、10%的显著性水平。

综上所述，首先，数字经济作为产业发展的新动能，无论是对本地区的产业结构升级，还是对周边地区的产业结构升级均具有显著的正向促进作用。其次，政府制定合理的产业发展政策能够有效地本地区的产业结构向高级化方向发展，但其效应还不足以对周边地区产生影响。外商直接投资带来的技术进步、管理制度等不仅对本地区的产业结构高级化发展产生促进作用，而且还对周边地区产生辐射作用。创新能力为产业结构高级化发展提供了技术支撑，人力资源为产业结构高级化发展提供人才资源，技术与人才等资源的聚集对产业结构发展有显著促进作用，同时，对邻近地区的产业结构高级化发展产生正向空间溢出效应。固定资产投资投资规模、投资结构的不合理，阻碍了产业结构高级化发展。

### 5.6.4　稳健性检验

为检验数字经济发展对产业结构优化升级空间影响效应的稳健性，通过改变计量方法来进一步验证。因此，分别基于普通面板随机效应模型和普通面板固定效应模型建立数字经济对产业结构发展影响的模型来验证实证结果的稳健性（见表5-12）。

表5-12 普通面板回归

| 变量 | (1) TLRE | (2) TLRE | (3) TSFE | (4) TSFE |
|---|---|---|---|---|
| digit | -0.7038 *** | -0.659 *** | 0.8827 *** | 0.732 *** |
| | (-11.75) | (-6.98) | (21.51) | (11.08) |
| gover | | 0.00144 | | 0.00279 ** |
| | | (1.21) | | (2.79) |
| fdi | | -0.00333 *** | | 0.00178 ** |
| | | (-4.73) | | (2.88) |
| innov | | -0.00000010 | | 0.00000009 |
| | | (-0.48) | | (0.59) |
| hum | | -0.0328 | | 0.0595 *** |
| | | (-1.85) | | (4.27) |
| fix | | -0.108 *** | | 0.0451 ** |
| | | (-4.60) | | (2.84) |
| Constant | 0.3103 *** | 0.695 *** | 2.2346 *** | 1.577 *** |
| | (14.89) | (4.37) | (318.14) | (12.82) |
| R-sq_within | 0.3118 | 0.4346 | 0.6323 | 0.6882 |
| R-sq_between | 0.3613 | 0.4214 | 0.8572 | 0.8767 |
| R-sq_overall | 0.3492 | 0.4068 | 0.8043 | 0.8300 |

注：回归系数下方括号内的数字为相应的统计量，***、**、*分别代表1%、5%、10%的显著性水平。

模型（1）为未加入控制变量的数字经济对产业结构合理化普通面板随机效应回归，模型（2）为加入控制变量的数字经济对产业结构合理化普通面板随机效应回归，模型（3）为未加入控制变量的数字经济对产业结构高级化普通面板固定效应回归，模型（4）为加入控制变量的数字经济对产业结构合理化普通面板固定效应回归。从回归结果可以看出，加入控制变量后模型解释能力更好，这表明本书控制变量选取得较为合适。对于产业结构合理化的实证分析，当使用普通面板随机效应模型进行分析时，核心解释变量的符号和显著性均与SAR随机效应的分析结果相同。对于产业结构高级化的实证分析，当使用普通面板固定效应模型进行分析时，核心解释变量的符号与显著性均与SAM时间和个体固定效应的分析结果相同。因此，说明数字经济对产业结构优化升级影响的空间效应的实证结果是稳健的。

### 5.6.5　数字经济对产业结构发展影响的异质性分析

受地理位置、自然资源等因素的影响，我国各区域之间存在着发展不均衡的问题。从上文中分析得出，我国各地区的数字经济发展与产业结构优化升级均存在较大差异。因此，结合实际，将30个省（市、自治区）划分为东、中、西以及东北4大区域，利用空间计量模型分析各区域数字经济发展对产业结构优化升级的影响。

从数字经济对产业结构合理化的分区域分析中可以得出（见表5－13），各区域数字经济发展对产业结构合理化发展均具有显著正向促进作用，其中，西部与东北地区数字经济发展对产业结构优化升级的促进作用更为显著，这可能是因为东部与中部地区数字经济发展较为成熟，数字化程度较高。因此，东部与中部地区的产业结构合理化程度的发展对数字经济的发展的依赖较少。可能是因为东部产业结构更为合理，产业结构合理化发展的空间较少，从而导致数字经济对产业结构合理化发展的推动力较小，其次，中部地区依赖于自然资源，数字经济发展环境不佳，数字经济发展水平较低，对产业结构高级化发展的促进作用较弱。而西部由于地理位置等因素数字技术发展较为缓慢，东北部作为传统工业区，同样数字经济发展水平较低，同时，这两地区产业结构合理化程度较低，产业结构合理化水平提升空间较大。因此，数字经济的发展能在很大程度上提高产业结构合理化水平。

**表5－13　　数字经济对产业结构合理化影响的异质性检验**

| 变量 | 东部地区SAR | 中部地区SAR | 西部地区SAR | 东北地区SAR |
|---|---|---|---|---|
| digit | −0.0823* | −0.442* | −1.814*** | −1.630*** |
| | (−1.70) | (−1.80) | (−4.94) | (−3.60) |

续表

| 变量 | 东部地区 SAR | 中部地区 SAR | 西部地区 SAR | 东北地区 SAR |
|---|---|---|---|---|
| gover | -0.000745 | -0.0117 *** | 0.000586 | -0.00572 * |
| | (-0.73) | (-3.64) | (0.29) | (-1.96) |
| fdi | -0.00104 *** | -0.00763 ** | -0.000537 | 0.000300 |
| | (-3.29) | (-2.57) | (-0.10) | (0.06) |
| innov | -0.0000004 *** | -0.0000016 | 0.0000047 | 0.0000078 |
| | (-5.43) | (-1.48) | (1.51) | (1.35) |
| hum | -0.0216 * | 0.0468 ** | 0.0101 | -0.0494 |
| | (-2.21) | (2.39) | (0.27) | (-0.99) |
| fix | -0.137 *** | -0.00498 | -0.100 ** | 0.00361 |
| | (-6.16) | (-0.21) | (-2.34) | (0.08) |
| cons | 0.448 *** | 0.103 | 0.454 | 1.048 * |
| | (4.90) | (0.52) | (1.23) | (2.29) |
| Rho | 0.0725 | 0.158 | 0.0259 | -0.377 * |
| | (0.45) | (1.06) | (0.14) | (-1.99) |
| R-sq_within | 0.6073 | 0.8254 | 0.6065 | 0.6845 |
| R-sq_between | 0.2735 | 0.5096 | 0.0094 | 0.8694 |
| R-sq_overall | 0.3524 | 0.6696 | 0.2190 | 0.09669 |

注：回归系数下方括号内的数字为相应的统计量，***、**、* 分别代表1%、5%、10%的显著性水平。

从数字经济对产业结构高级化的分区域分析中可以得出（见表5-14），各区域数字经济发展对产业结构高级化发展差距较大，东部地区与中部地区的数字经济对产业结构高级化发展起不到明显的促进作用，东部地区数字经济发展较为成熟，同时第三产业较为发达，产业结构高级化发展空间不足。因此，产业结构高级化发展主要依赖于固定资产投资等其他因素，中部地区自然资源丰富，数字经济水平较低，不足以推动产业结构高级化发展。而西部地区数字化基础设施条件较为落后，数字化发展受到阻碍，导致数字经济发展促进产业结构高级化发展的动力不足。东北地区以工业为主，数字经济发展水平同样比较落后，但因其产业结构高级化水平较西部地区高，对数字经济发展较为敏感，因此，数字经济的发展能够在一定程度上促进产业结构高级化发展。从数字经济对产业结构高级化发展的空间效应上分析，东部、西部以及东北部地区数字经济对产业结构高级化发展有正向空间溢出效应，但不显著。而中部地区的大多数省份主要依赖于自然资源发展，正处于产业转型时期，数字化发展基础薄弱，且发展较为缓慢，无法对产业结构高级化水平的发展起到推动作用。

**表5-14　数字经济对产业结构高级化影响的异质性检验**

| 变量 | 东部地区 SDM | 中部地区 SDM | 西部地区 SDM | 东北地区 SDM |
|---|---|---|---|---|
| digit | -0.207*** | -2.306*** | 0.0182 | 3.942* |
| | (-2.73) | (-3.30) | (0.06) | (1.75) |
| gover | 0.00140 | -0.0340*** | 0.00473** | 0.00148 |
| | (1.26) | (-4.15) | (2.67) | (0.16) |
| fdi | -0.00126* | 0.0130*** | -0.000672 | 0.00921 |
| | (-1.94) | (5.67) | (-0.27) | (0.74) |
| innov | -0.0000003*** | 0.0000012 | 0.0000038** | 0.0000173** |
| | (-2.96) | (0.55) | (2.75) | (2.30) |
| hum | 0.0206** | -0.0437* | -0.0153 | 0.196** |
| | (2.01) | (-1.73) | (-0.80) | (2.11) |
| fix | 0.0755*** | 0.144*** | -0.00783 | 0.0210 |
| | (2.98) | (4.97) | (-0.38) | (0.20) |
| W * digit | 0.200 | -7.374*** | 2.239 | 2.455 |
| | (0.79) | (-3.00) | (1.20) | (0.54) |
| W * gover | -0.00386 | -0.107*** | 0.0170** | 0.0130 |
| | (-0.97) | (-3.92) | (2.66) | (0.52) |
| W * fdi | 0.000666 | 0.0283*** | -0.0115 | 0.0142 |
| | (0.32) | (3.31) | (-0.86) | (0.41) |
| W * innov | 0.00000001 | 0.00000094 | -0.00000867 | 0.0000198 |
| | (0.04) | (0.12) | (-1.16) | (1.09) |
| W * hum | 0.0285 | -0.193** | 0.0298 | 0.483*** |
| | (0.87) | (-2.27) | (0.29) | (2.66) |
| W * fix | 0.0523 | 0.267** | -0.0126 | -0.0259 |
| | (0.73) | (2.30) | (-0.15) | (-0.12) |

续表

| 变量 | 东部地区 SDM | 中部地区 SDM | 西部地区 SDM | 东北地区 SDM |
| --- | --- | --- | --- | --- |
| Rho | -0.271 | -0.938*** | -0.945** | -0.822*** |
| | (-1.21) | (-3.00) | (-3.20) | (-5.79) |
| R-sq_within | 0.5241 | 0.8276 | 0.7302 | 0.4645 |
| R-sq_between | 0.3089 | 0.0318 | 0.0157 | 0.9957 |
| R-sq_overall | 0.2209 | 0.6063 | 0.1958 | 0.5976 |
| LogL | 307.5138 | 193.2583 | 273.7138 | 100.5925 |

注：回归系数下方括号内的数字为相应的统计量，***、**、*分别代表1%、5%、10%的显著性水平。

## 5.7 本章小结

本章首先梳理产业结构优化升级以及数字经济对其影响的相关文献，探析数字经济对产业结构优化升级的影响机理，并对我国产业结构发展的现状进行详细描述。其次，本章从产业结构合理化和产业结构高级化两个方面对我国产业结构升级水平进行测度，以测度结果为被解释变量，利用我国2011—2020年30个省（市、自治区）的面板数据，建立数字经济对产业结构合理化以及对产业结构高级化影响的空间计量模型，实证分析了数字经济对我国产业结构发展的影响。结果表明，数字经济发展对产业结构合理化和产业结构高级化具有正向促进作用。同时，本章利用普通面板模型进一步分析数字经济对产业结构发展的影响，发现结果与之前的模型保持一致，表明实证分析结果具有良好的稳定性。最后，本章利用空间计量模型分析数字经济对产业结构优化升级影响效应的异质性进行分析，分析结果表明数字经济对产业结构优化升级的区域差异较大。

# 第 6 章

# 我国数字经济对绿色全要素生产率的影响研究

# 6.1　数字经济影响绿色全要素生产率的文献综述

## 6.1.1　关于绿色全要素生产率的相关研究

长期以来，提升全要素生产率作为促进经济增长的重要途径得到国内外学者的广泛关注。索洛于 1957 年首先对全要素生产率的内涵进行了阐述，认为经济增长中去除劳动和资本等要素投入后的技术进步、创新等推动的产出增加即是全要素生产率，也被称为“索洛余值”。随着全球出现环境污染严重、资源紧缺等突出问题，绿色发展越来越受到重视，逐渐形成绿色全要素生产率的概念。绿色全要素生产率（Greenournal of Finance and Economics Total Factor Productivity）是在全要素生产率测算框架基础上考虑经济发展对环境的影响（Chung 等，1997）。在经济增长日益受到资源环境约束的背景下，提升绿色全要素生产率是经济高质量发展进程中抢占新一轮增长点的突破口，众多学者开始关注绿色全要素生产率对经济增长质量的作用。李华和董艳玲（2021）认为在我国新发展格局背景下，包括了环境和社会要素的包容性绿色全要素生产率全面体现了创新、协调、绿色、开放、共享理念，是衡量经济高质量发展的重要依据。武义青（2022）等人指出以提高绿色全要素生产率（GTFP）为导向的绿色发展是化解经济发展与资源环境之间矛盾、实现经济高质量发展的必然选择。

现有研究对全要素生产率的测算方法主要包括索洛余值法、随机前沿分析法、指数法以及数据包络法等，绿色全要素生产率的测算在此基础上进行拓展。索洛余值法基于规模报酬不变的新古典生产函数 $Y = AL^{\alpha}K^{\beta}$，把经济增长总量扣除劳动和资本要素投入带来的增长部分称为全要素生产率，也被称为索洛余值。陈亚男（2016）等利用索洛余值法估算了我国 1987—2014 年全要素生产率增长率，认为其对经济增长贡献较低。Aigner

等（1977）提出了随机前沿分析方法（SFA）测算全要素生产率。刘津（2020）利用随机前沿分析方法并考虑环境因素测量了绿色全要素生产效率。传统的全要素生产率测算方法无法考虑环境污染等非期望产出，基于此缺陷，学者们基于方向性距离函数构造 ML（Malmquist - Lenberger）指数法测度绿色全要素生产率，在此基础上，进一步扩展构造了非径向非角度的 SBM 模型进行测度。欧阳婉桦（2015）从环境规制强度、生产率、结构三个角度分别选取指标对我国省级绿色全要素生产率及其分解指标进行了分析。黄月（2020）通过 ML 指数测度了长江经济带 108 个城市 2006—2017 年的绿色全要素生产率。汪超（2021）运用包含非期望产出的两期测算法和基于超效率模型 SBM 的指数法对绿色全要素生产率进行测度与分析。单金玉（2022）应用 SBM - ML 指数法测算了我国各省绿色全要素生产率。范欣（2021）采用包含非期望产出的 SBM 模型测算了绿色全要素生产率。张旭等（2022）通过运用 DEA - ML 法测算我国各省份绿色全要素生产率。单金玉（2022）从劳动投入、资本投入和能源投入三个角度选择投入指标，产出指标中考虑了污染物排放量，建立投入产出指标体系测度了绿色全要素生产率。

### 6.1.2 关于数字经济影响全要素生产率的相关研究

随着数字经济的蓬勃发展，其与生产率之间关系的研究越来越受到广泛关注，现有研究基本认为数字经济对提升全要素生产率具有重要的促进作用。Basu 和 Fernald（2007）认为数字经济推动的新商业模式和新业态以及在减少信息不对称和优化资源配置方面的作用共同促进了全要素生产率的提升。Jorgenson 等（2007）认为数字科技通过渗透到不同的行业与环节，通过对企业载体的信息化、数字化、智能化改造升级可以大幅提升现有供给市场的全要素生产率。郭慧芳和王宏鸣（2022）研究了企业数字化转型影响服务业全要素生产率的内在机理，并通过实证研究表明，数字化转型一方面增加了企业研发投入，另一方面促进了人力资本结构优化，从而可以有效提升服务业全要素生产率，并且对非国有企业生产性服务业全要素生产率的提升作用更大。

从分区域影响效应来看，张凌洁（2022）应用中介效应模型检验了数字经济发展对全要素生产率增长的促进效应，研究发现，数字经济在产业结构升级和全要素生产率的优化方面，东部地区数字经济发展的作用明显高于中西部地区。张焱（2021）采用空间计量模型，基于我国省际面板数据，从直接效应和间接效应两个角度实证研究了数字经济对全要素生产率增长的作用，研究得出，数字经济对全要素生产率的直接和间接效应均显著为正，但是不同区域间数字经济对全要素生产率的影响路径存在差异。

### 6.1.3　关于数字经济影响绿色全要素生产率的相关研究

在大力推动绿色经济发展的背景下，绿色全要素生产率水平成为判断地区经济高质量发展的重要依据，数字经济与绿色全要素生产率的关系越来越受到国内外学者广泛的关注，现有研究从不同的研究视角围绕影响路径、影响效应的区域差异性等方面对数字经济与绿色全要素生产率的关系进行了研究。

部分学者认为数字经济由于其具有高融合性，通过在不同行业不同生产环节的融合和渗透，打破传统要素市场的限制，从而有效改善资源配置，优化产业结构，促进绿色全要素生产率的提升（余文涛，2020；田杰和谭秋云，2021）。周晓辉（2021）通过实证检验数字经济发展对绿色全要素生产率的影响效应及作用机制，结论显示数字经济可以优化南方城市的劳动力和资本配置扭曲，但南方城市绿色全要素生产率的提升主要依靠数字经济的绿色技术创新和节能减排效应，北方城市绿色全要素生产率的提升主要依靠资本要素的优化配置，数字经济显著提升了中心城市的绿色全要素生产率，但其引致的“虹吸效应”阻碍了外围城市绿色全要素生产率的提高。谢贤君等（2020）研究表明通过显著改善劳动力和资本的配置效率可以提升绿色全要素生产率。

随着我国经济转型升级加速，部分学者从产业结构转型和产业发展角度对数字经济与绿色全要素生产率的关系进行了研究。刘赢时等（2018）

构建了以产业结构优化为中介变量的中介效应模型，探究数字经济、产业结构优化与绿色全要素生产率之间的关系，研究发现产业结构优化中介变量的直接效应和间接效应均显著。周晓辉（2021）认为数字经济对绿色全要素生产率具有“结构性”的提升效应，产业数字化和数字产业化的发展是绿色全要素生产率长久提升的动力来源。当前对不同行业大力发展数字经济，促进传统产业的数字化转型，推动绿色经济转型，提高绿色全要素生产率，是我国新时代经济高质量发展背景下的战略抉择。从工业发展角度看，周勇（2021）通过空间计量模型研究发现数字经济对提高工业绿色全要素生产率具有显著的正向影响作用，并且在中西部地区的促进作用大于东部地区。提出加快推动数字经济与制造业的深度融合已经成为当前支撑经济高质量发展的关键力量。惠宁和杨昕（2021）从人力资本、创业活动以及产业转型升级的角度，实证检验发现数字经济发展水平的提升对制造业绿色全要素生产率具有显著正向作用，尤其是在经济相对发达地区，数字经济对制造业高质量发展的驱动效应更强。最后，提升服务业生产率，缓解“成本病”已成为实现经济高质量发展的重要路径。

还有一些学者从技术进步路径、空间效应视角进行了研究。肖远飞（2021）构建了 Tobit 面板数据模型，实证研究表明数字经济发展对提升地区绿色全要素生产率具有显著的促进作用，并且存在节能降耗与技术创新效应，进一步检验区域异质性影响效应，发现东部省份具有明显的数字红利释放效应，而西部地区还有待进一步激发数字经济效能，应因地制宜制定地区数字经济发展战略。乌静（2022）运用空间杜宾模型与面板门槛模型，探究了数字经济对促进绿色全要素生产率提升的影响效应以及技术和资本门槛效应，结果表明数字经济的发展对提升绿色全要素生产率具有显著的直接效应和溢出效应，其对中、西部地区绿色全要素生产率提升的推动作用强于东部地区，研发投入在数字经济对绿色全要素生产率的正向影响效应中发挥了单一门槛作用，在超越门槛值后正向影响效应会不断降低。

综上所述，国内外学者分别从理论基础与实证分析方面，研究了数字经济对绿色全要素生产率的影响作用。数字经济对于提升绿色全要素生产率具有显著的正向促进作用，同时，数字经济通过优化产业结构、改善资源配置、提高科技水平等路径，促进绿色全要素生产率的提升。由于数字经济发展水平和区域绿色全要素生产率存在地区差异，经研究发现数字经济对于绿色全要素生产率的影响具有异质性。但是由于数字经济对区域绿色全要素生产率的影响效应的复杂性，还有待于对其影响机制和影响效应进行进一步探索和深入研究。

## 6.2 数字经济影响绿色全要素生产率的理论机制

新常态下，我国不断推进经济绿色转型，踏上经济高质量发展之路。绿色全要素生产率是在全要素生产率概念基础上的扩展，综合考虑了资源消耗和生态环境等因素，为促进中国经济向“绿色经济”转型发展而提出的概念。近年来我国经济社会繁荣发展，但传统粗放型的工业主导发展模式加剧了生态环境恶化、资源紧张等问题，受到了社会各界的广泛关注。而全要素生产率的相关研究对于要素的投入通常只考虑传统的劳动和资本要素，往往忽略了资源环境成本在全要素生产率测算中的地位，对于中国工业化进程造成的能源消耗以及环境污染的问题，传统的全要素生产率已无法精确地测度高质量发展下的绿色经济增长。因此，学者们将环境污染与能源消耗等因素引入生产函数模型中，开始测算得到了绿色全要素生产率（GTFP），并将其作为衡量和评价经济发展质量的重要指标。绿色全要素生产率的增长主要来源于绿色技术进步和绿色技术效率两方面，其中绿色技术效率包括绿色纯技术效率和绿色规模效率两部分，共同促进绿色全要素生产率的提高。

数字经济作为当前经济活动中最活跃的部分，具备较高的绿色价值，为经济高质量发展提供了新的助推力。促进经济绿色发展是实现未来经济可持续高质量发展的必然途径，如何在工业化进程中摒弃以往的“粗放型”经济发展模式，优化产业结构、提高资源利用效率、促进生态环境保护，发展绿色经济，促进绿色全要素生产率的提升，是在我国经济高质量发展背景下面临的挑战。现有研究肯定了数字经济对推动绿色全要素生产率提升的积极作用，本部分对其作用机制进一步进行探究。

### 6.2.1 数字经济影响绿色全要素生产率的直接作用机制

我国传统经济发展模式以要素驱动为主，当前正朝着以效率驱动为主的方式转变，而数字经济作为我国经济增长的重要抓手，通过构建互联网桥梁，将产品的不同环节串联起来，从生产环节到中间分配环节，再到交换环节实现最终消费，革新生产模式和商业模式，减少交易和信息搜寻等成本，促进绿色全要素生产率的提升。

在生产方面，企业的数字化改革，加强了生产的智能化管理，有效模拟生产过程，有利于预知相关的能源消耗以及污染排放量等，采取措施减少不必要的污染。对于高耗能产品，通过数字技术的应用优化产品和服务设计，有效降低实际能耗。在交换环节，买卖双方之间的关系可通过数字经济的跨时空传播特性加以改变，通过在线购物和多渠道智能配送服务等新型模式促进供应链效率大幅提高。在日常生活中，数字技术融入了社会的方方面面，远程医疗、在线教育、视频会议等快速发展，通过减少通勤对降低能源消耗、促进环境保护方面起到了一定的积极作用。在环境治理中，由于大数据技术的应用，政府及相关管理机构、企业和公众都可以通过互联网大数据等相关平台，及时监测和掌握环境污染物的动态变化，克服传统环境管理中信息不对称问题，加强环境监测和治理，促进经济实现绿色发展。

### 6.2.2 数字经济影响绿色全要素生产率的间接作用机制

#### 6.2.2.1 数字经济通过促进产业结构升级影响绿色全要素生产率

数字经济一方面可以促进传统产业转型发展，推动传统产业的效率提升，不断重塑产业结构的形态。随着社会的发展，产业数字化催生了新的可提高生产效率的智能生产模式，大量的重复性的人类劳动正逐渐被工业机器人取代。并且，数字技术和信息通信技术的发展改变了传统制造业的结构，对原有制造能力进行数字化升级，提升原有工业产品的质量水平，进而增强产品竞争力，通过增加产品需求来创造国民财富。另一方面，数字经济在一定程度上可以刺激新兴产业的发展、孕育新产业，推动产业结构的升级，提升经济效率。数字技术催生出了基于互联网创新的新型商业模式，进而形成新的产业，这种新型商业模式缓解了由于信息不对称所带来的资源配置效率低下问题，激发了商业活力，从而发展成为一种新的产业形态，促进经济效率的提高。

总体上，数字经济作为当前经济发展的重要组成部分，能够推动供给侧结构性改革，调整产业结构，促进产业转型，同时利用信息与通信技术（ICT）、大数据、人工智能（AI）、互联网等数字信息手段，促进了新产业、新业态发展，不断增强创新力、发展新动能，加快了产业结构优化升级的步伐，对于提高资源配置效率、改善劳动力结构、优化经济发展结构等方面具有极大的推动作用。发展数字经济是实现经济绿色发展、提高绿色全要素生产率的重要途径。

#### 6.2.2.2　数字经济通过技术创新影响绿色全要素生产率

数字经济带来了技术创新效应。创新是引领发展的第一动力。在世界新一轮的科技革命浪潮中，科技创新有利于促进生产方式的变革、改善产业结构，对于推动我国区域产业结构升级以及产业技术变革有着十分重要的意义。同时，科技创新有利于优化资源配置，提高资源利用率，是提升区域竞争力的重要途径，是实现区域可持续发展的重要动力。目前，我国强调经济高质量发展，经济增长方式正向创新驱动转变，发展数字经济是提升区域创新能力，提高绿色全要素生产率的重要举措。

区域内的数字化产业既能带动相关上下游企业在自主创新上有所突破，还能形成新的技术产业，促进核心市场竞争力的形成。而且数字经济依托科技创新的扩散效应有利于推动区域内外的技术进步，提高区域内外的产出水平，对各地区的经济地理分布、收入差距等都产生着深远影响，从而对区域经济协调发展产生极大的影响。此外，数字经济时代下，科技创新不断促进提高资源利用率，减少环境污染，进而推动绿色全要素生产率的提高。

#### 6.2.2.3 数字经济通过资源配置影响绿色全要素生产率

我国当前人口红利已不断弱化，资源储备量也在持续下降，提升绿色全要素生产率成为实现经济长期高质量发展的重要路径，而数字经济的发展通过优化资源配置，提高资源配置效率是高质量发展时代下提升绿色全要素生产率的重要动力。

首先，数字经济促进了资本要素的积累，扩大了经济规模。数字经济包含数据和数字技术两个关键要素，在新经济形态下，大数据被广泛应用于人们的社会生产活动中，成为能和资本、劳动等并列的又一新要素；而数字技术具备扩散快、迭代快、高渗透性的特点，两者通过促进创新以及优化资源配置，提高了生产过程中的技术效率，从而提高产业竞争优势。其次，数字要素与人力、资本要素的配合共同促进了生产效率的提高。对于整个社会而言，数字化基础设施的发展，搭建了数据信息交流的平台，增强了数据信息的流通性，数据要素与其他要素有效结合，既可以改善传统经济效率又能催生出更多新型商业模式，极大地解放了部分劳动力，提升了经济活动之间的互联互通性，促进绿色经济效率提升。最后，数字经济有利于打破市场要素流通中在时间和空间上的限制，降低成本，提高市场化水平，促进资源配置效率提高，推动地区绿色经济效率的提升。

## 6.3 我国绿色全要素生产率的测算

### 6.3.1 测算方法介绍

不变规模报酬的 CCR 以及可变规模收益的 BCC 模型都是基于径向角度且未考虑松弛变量，指标选取也未考虑非期望产出，因此传统的 DEA 模型有一定的局限性，这可能导致绿色生态效率的测度结果存在较大的误差。因此，我们借鉴了Tone的超效率SBM模型。Super-SBM模型是基于SBM模型为进一步比较多个决策单元效率值为1的情形而提出来的高级模型，其中SBM模型具体表达如下。

设有$n$个决策单元，每个决策单元均有投入、期望产出和非期望产出，分别用矩阵$X$、$Y^g$、$Y^b$表示，并且每个决策单元都有$m$种投入，$S_1$种期望产出和$S_2$种非期望产出，分别记为$x \in R^m$、$y^g \in R^{S_1}$、$y^b \in R^{S_2}$，矩阵$X$、$Y^g$、$Y^b$表示如下：

$$X = [x_1, \cdots, x_n] \in R^{m \times n} > 0 \tag{6-1}$$

$$Y^g = [y_1^g, \cdots, y_r^g] \in R^{s_1 \times n} > 0 \tag{6-2}$$

$$Y^b = [y_1^b, \cdots, y_n^b] \in R^{s_2 \times n} > 0 \tag{6-3}$$

反映环境技术的生产可能集为：

$$P = \{(x, y^g, y^b) \mid x \geqslant X\lambda, y^g \leqslant Y^g\lambda, y^b \leqslant Y^b\lambda\} \tag{6-4}$$

则SBM模型为：

$$p_{j0}^* = \min \frac{1 - \frac{1}{m}\sum_{i=1}^{m}\frac{s_i^-}{x_{ij0}}}{1 + \frac{1}{s_1 + s_2}\left[\sum_{r=1}^{s_1}\frac{s_r^+}{y_{rj0}^g} + \sum_{t=1}^{s_2}\frac{s_t^{b-}}{y_{tj0}^b}\right]}$$

$$\text{s.t.}\begin{cases} x_{j0} = X\lambda + s^- \\ y_{j0}^g = Y^g\lambda - s^+ \\ y_{j0}^b = Y^b\lambda + s^{b-} \\ s^- \geqslant 0, s^+ \geqslant 0, s^{b-} \geqslant 0 \\ \lambda \geqslant 0 \end{cases} \tag{6-5}$$

其中，$p_{j0}^*$表示第$j_0$个决策单元的效率值；$S^-$、$S^{b-}$分别表示投入和非期望产出的松弛变量向量；$S^+$表示剩余变量的松弛变量向量；θ表示各决策单元的线性组合系数。目标函数值的取值范围为$p_{j0}^* \in [0,1]$。当$p_{j0}^* = 1$，且$S^-, S^+, S^{b-}$全为0时，表明各决策单元的效率值达到有效；当$p_{j0}^* < 1$时，表明各决策单元的效率值未达到DEA有效，此时可通过增加相应的期望产

出、减少投入或非期望产出来提高效率。

以 SBM 模型为基础，构建 Super – SBM 模型，其具体形式如下：

$$\delta_{j0}^{*} = \min \frac{\frac{1}{m}\sum_{i=1}^{m}\frac{\bar{x}_{l}}{x_{ij_0}}}{\frac{1}{s_1+s_2}\left[\sum_{r=1}^{s_1}\frac{\bar{y}_r^g}{y_{rj_0}^g}+\sum_{t=1}^{s_2}\frac{\bar{y}_t^b}{y_{tj_0}^b}\right]}$$

$$\text{s.t.}\begin{cases} x \geqslant \sum_{j=1,\neq j_0}^{n}\lambda_j x_j \\ \bar{y}^g \leqslant \sum_{j=1,\neq j_0}^{n}\lambda_j y_j^g \\ \bar{y}^b \geqslant \sum_{j=1,\neq j_0}^{n}\lambda_j y_j^b \\ x \geqslant x_{j_0}, \bar{y}^g \leqslant y_{j_0}^g, \bar{y}^b \geqslant y_{j_0}^b \\ \lambda \geqslant 0 \end{cases} \tag{6-6}$$

其中，$n$ 表示决策单元个数，即省份个数，在本书中，$n=30$；$m$ 表示投入；$S_1$表示期望产出；$S_2$表示非期望产出；$\delta_{j_0}^{*}$ 表示 Super – SBM 效率值，当效率值介于 0 到 1 之间时，表示决策单元相对无效；当效率值大于或等于 1 时，表明决策单元位于最佳生产前沿，且效率值越大，该单元越有效率。本部分所使用的模型为规模报酬不变（CRS）的 Super – SBM 模型，因此，线性组合系数满足$\sum_{j=1,\neq j_0}^{n}\lambda_j = 1$ 的约束条件。

## 6.3.2 数据来源及指标选取

### 6.3.2.1 数据来源

为了从全国层面对我国绿色全要素生产率进行比较分析，本书选取了我国 2011—2020 年 30 个省（市、自治区）作为研究样本。由于部分数据缺失较为严重，剔除了西藏和港、澳、台地区的数据。数据资料主要来源于历年《中国统计年鉴》以及各省（市、自治区）统计年鉴、《中国能源统计年鉴》和《中国环境统计年鉴》。

#### 6.3.2.2　指标选取

在构建包含非期望产出的超效率SBM模型时，结合前人的研究成果，选取了3个投入变量、2个期望产出变量和3个非期望产出变量，具体指标如表6-1所示。

**表6-1　绿色全要素生产率测度指标体系**

| | | |
|---|---|---|
| 投入 | 资本投入 | 资本存量（亿元） |
| | 劳动力投入 | 年末就业总人数（万人） |
| | 能源投入 | 能源消耗量（万吨标准煤） |
| 产出 | 期望产出 | GDP（亿元） |
| | | 绿地覆盖率（%） |
| | 非期望产出 | 工业废水排放量（万吨） |
| | | 工业二氧化硫排放量（万吨） |
| | | 工业烟（尘）排放量（万吨） |

要素投入包括劳动投入、资本投入和能源投入。选取全社会就业总人数作为劳动投入指标，各省能源消耗总量作为能源投入指标。全社会就业总人数和全社会用电量均从各省（市、自治区）统计年鉴上获得。资本投入使用资本存量，其计算主要参考刘杨（2019）的研究成果，采用永续盘存法计算，公式如下：

$$k_{m,t} = (1 - \delta_{m,t})k_{m,t-1} + I_{m,t}/p_{m,t} \tag{6-7}$$

其中，$k_{m,t}$和$k_{m,t-1}$表示各省（市、自治区）在第$t$年和第$t-1$年相应的资本存量；$\delta_{m,t}$是第$t$年的资本折旧率；$I_{m,t}$是第$t$年以当年价计算的固定资产投资；$p_{m,t}$是第$t$年的固定资产投资价格指数。关于参数值的选取，借鉴Young（2000）的计算方法，用2011年为基期的全社会固定资本投资总额除以10%作为初始资本存量。折旧率则采用单豪杰（2008）6%的折旧率。

期望产出变量包括地区生产总值和城镇绿地覆盖率。同时，为消除通货膨胀的影响，使用各地区GDP平减指数对地区生产总值以2011年为基期进行了平减。

非期望产出变量包括工业废水排放量、工业二氧化硫排放量以及工业烟（粉）尘排放量。

### 6.3.3 测度结果分析

基于上述投入产出指标体系，收集并整理出相关指标数据。基于我国2011—2020年30个省（市、自治区）的面板数据，利用MaxDEA 8 Ultra软件基于Super-SBM-C模型计算了我国30个省（市、自治区）的绿色全要素生产效率。同时，为了进一步比较我国各区域的绿色全要素生产率，将我国30个省（市、自治区）划分为中部、东部、西部以及东北部4个区域，具体测算结果如表6-2所示。

由表6-2数据显示结果可知，从纵向来看，我国各地区绿色全要素生产率整体上具有明显的区域差异性，除个别省份的绿色全要素生产率较高之外，其他各省的绿色全要素生产率值均比较低，表明这些地区的绿色全要素生产率还有很大的提升空间。从历年数据的平均值来看，位于前十的

表6-2 我国绿色全要素生产率测度值

| 省份 \ 年份 | | 2011 | 2012 | 2013 | 2014 | 2015 | 2016 | 2017 | 2018 | 2019 | 2020 | 均值 |
|---|---|---|---|---|---|---|---|---|---|---|---|---|
| 东部 | 北京 | 1.186 | 1.186 | 1.171 | 1.201 | 1.185 | 1.183 | 1.262 | 1.573 | 1.597 | 1.437 | 1.298 |
| | 天津 | 0.578 | 0.580 | 0.541 | 0.509 | 0.509 | 0.511 | 0.493 | 0.495 | 0.446 | 0.359 | 0.502 |
| | 河北 | 0.276 | 0.262 | 0.280 | 0.270 | 0.255 | 0.242 | 0.235 | 0.227 | 0.226 | 0.206 | 0.248 |
| | 上海 | 1.323 | 1.313 | 1.338 | 1.340 | 1.339 | 1.275 | 1.269 | 1.208 | 1.193 | 1.206 | 1.280 |
| | 江苏 | 0.475 | 0.440 | 0.510 | 0.464 | 0.483 | 0.471 | 0.409 | 0.432 | 0.455 | 0.390 | 0.453 |
| | 浙江 | 0.494 | 0.486 | 0.531 | 0.510 | 0.489 | 0.481 | 0.420 | 0.401 | 0.414 | 0.363 | 0.459 |
| | 福建 | 0.534 | 0.509 | 0.542 | 0.500 | 0.496 | 0.492 | 0.433 | 0.424 | 0.451 | 0.425 | 0.481 |
| | 山东 | 0.234 | 0.237 | 0.238 | 0.239 | 0.237 | 0.222 | 0.224 | 0.230 | 0.212 | 0.196 | 0.227 |
| | 广东 | 0.338 | 0.337 | 0.328 | 0.330 | 0.340 | 0.327 | 0.315 | 0.299 | 0.280 | 0.273 | 0.317 |
| | 海南 | 1.173 | 1.169 | 1.168 | 1.166 | 1.163 | 1.169 | 1.166 | 1.168 | 1.174 | 1.168 | 1.168 |
| 中部 | 山西 | 0.480 | 0.421 | 0.408 | 0.373 | 0.357 | 0.341 | 1.030 | 1.036 | 1.011 | 1.017 | 0.647 |
| | 安徽 | 0.402 | 0.359 | 0.360 | 0.350 | 0.344 | 0.337 | 0.305 | 0.300 | 0.309 | 0.327 | 0.339 |
| | 江西 | 0.333 | 0.334 | 0.328 | 0.319 | 0.309 | 0.299 | 0.295 | 0.284 | 0.278 | 0.279 | 0.306 |
| | 河南 | 0.222 | 0.226 | 0.227 | 0.227 | 0.231 | 0.233 | 0.232 | 0.229 | 0.222 | 0.216 | 0.226 |
| | 湖北 | 0.245 | 0.249 | 0.281 | 0.306 | 0.305 | 0.304 | 0.303 | 0.291 | 0.291 | 0.276 | 0.285 |
| | 湖南 | 0.236 | 0.242 | 0.269 | 0.304 | 0.304 | 0.303 | 0.286 | 0.278 | 0.274 | 0.261 | 0.276 |

续表

| 省份 \ 年份 | | 2011 | 2012 | 2013 | 2014 | 2015 | 2016 | 2017 | 2018 | 2019 | 2020 | 均值 |
|---|---|---|---|---|---|---|---|---|---|---|---|---|
| 西部 | 四川 | 0.243 | 0.252 | 0.289 | 0.277 | 0.288 | 0.289 | 0.276 | 0.276 | 0.275 | 0.267 | 0.273 |
| | 重庆 | 0.387 | 0.407 | 0.395 | 0.380 | 0.380 | 0.390 | 0.379 | 0.360 | 0.350 | 0.352 | 0.378 |
| | 贵州 | 0.206 | 0.202 | 0.217 | 0.224 | 0.241 | 0.273 | 0.237 | 0.245 | 0.250 | 0.244 | 0.234 |
| | 云南 | 0.217 | 0.214 | 0.238 | 0.237 | 0.241 | 0.234 | 0.218 | 0.215 | 0.216 | 0.219 | 0.225 |
| | 陕西 | 0.301 | 0.307 | 0.322 | 0.313 | 0.306 | 0.291 | 0.278 | 0.276 | 0.275 | 0.251 | 0.292 |
| | 甘肃 | 0.195 | 0.208 | 0.226 | 0.222 | 0.244 | 0.218 | 0.220 | 0.216 | 0.223 | 0.213 | 0.219 |
| | 青海 | 1.007 | 1.018 | 1.013 | 1.025 | 1.021 | 1.010 | 1.028 | 1.043 | 1.032 | 1.034 | 1.023 |
| | 宁夏 | 1.026 | 1.020 | 1.026 | 1.022 | 1.035 | 1.029 | 1.021 | 1.019 | 1.017 | 1.013 | 1.023 |
| | 新疆 | 0.288 | 0.274 | 0.276 | 0.280 | 0.293 | 0.267 | 0.259 | 0.265 | 0.264 | 0.257 | 0.273 |
| | 广西 | 0.274 | 0.272 | 0.291 | 0.290 | 0.282 | 0.275 | 0.256 | 0.237 | 0.236 | 0.211 | 0.262 |
| | 内蒙古 | 0.405 | 0.490 | 0.435 | 0.427 | 0.460 | 1.009 | 0.394 | 0.408 | 0.387 | 0.361 | 0.478 |
| 东北 | 辽宁 | 0.334 | 0.322 | 0.381 | 0.371 | 0.399 | 1.016 | 1.007 | 1.010 | 1.031 | 1.018 | 0.689 |
| | 吉林 | 0.560 | 0.490 | 0.490 | 0.504 | 0.533 | 1.009 | 0.463 | 0.449 | 0.458 | 0.406 | 0.536 |
| | 黑龙江 | 0.478 | 0.412 | 0.420 | 0.439 | 0.444 | 0.402 | 0.361 | 0.376 | 0.368 | 0.331 | 0.403 |

地区有北京、上海、海南、青海、宁夏、辽宁、山西、吉林、天津、福建。北京作为我国的政治、文化中心，自身区位条件优越，环境整顿政策实施积极，并且企业自主创新能力较强，因此，其绿色全要素生产率在全国处于领先地位。上海作为我国的金融中心，地处沿海，经济较为发达，金融规模和产业规模都位于全国前列，对绿色全要素生产率有着正向促进效应。而河南、云南、甘肃等地的绿色全要素生产率值最低，其中河南是工业大省，高耗能、高排放行业的占比仍旧很高，资源紧张与生态环境恶化等问题成为制约河南省产业发展的瓶颈，阻碍其经济绿色发展进程，因此河南省的绿色全要素生产率值较低。云南、甘肃等西部地区，由于经济基础薄弱，地处内陆，无法形成良好的创新环境，导致技术发展受阻，高新技术人才流失严重。同时，中西部地区作为产业转移带，承接东部沿海地区的大部分产业主要是劳动密集型和资源密集型产业，这部分产业的发展会带来环境污染，从而导致西部地区的绿色全要素生产率较低。

从图6-1中可看出，10年来，我国东部地区的绿色全要素生产率值远高于中西部地区，主要是因为东部地区地理位置优越，沿海对外贸易繁荣，高新技术产业聚集，更能推动绿色产业结构升级，带动绿色全要素生产率的提升和经济高质量的发展。中部地区各省份经济实力不够雄厚，以发展工业来获取巨大经济利益，以环境污染为代价取得高产值的经济发展。而西部地区则因地处内陆，受经济发展、交通等因素的影响，创新能力较为薄弱，人才流失严重，无法形成良好的绿色经济发展环境。同时，西部地区的产业大多数具有高能耗、高污染等特点，导致绿色全要素生产率发展缓慢。东北作为我国的传统老工业地区，具有特殊的地理区位、经济地位以及战略要位，由于国家适时出台促进经济协调增长的相关政策，不断振兴东北地区，为东北地区经济发展提供了政策保障和物质基础，“十三五”时期绿色全要素生产率整体上得到了提升。

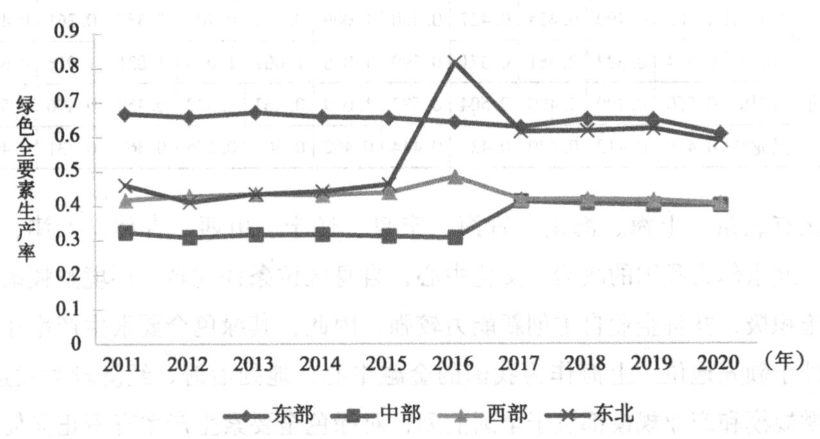


图 6-1　2011—2020 年全国东、中、西、东北地区绿色全要素生产率

## 6.4　我国数字经济对绿色全要素生产率影响的实证分析

### 6.4.1　模型构建及变量说明

依据上文对我国绿色全要素生产率的测算结果，建立空间计量模型对

我国数字经济影响绿色全要素生产率的效应进行实证分析，模型如下：

$$CTFP_{it} = \delta_0 + \delta_1 DIG_{it} + \delta_2 Z_{it} + \mu_i + \nu_t + \varepsilon_{it} \quad (6-8)$$

其中，被解释变量 $GTFP_{it}$ 表示第 $i$ 个省（市、自治区）第 $t$ 年的绿色全要素生产率；$DIG_{it}$ 是核心解释变量，表示数字经济发展水平；$Z$ 是控制变量，包括政府干预、金融发展水平、教育发展水平、科技创新、产业结构水平、城镇化程度；$\mu$ 表示不随时间变化而随省份变化的个体固定效应，$\nu$ 表示不随省份变化而随时间变化的时间固定效应；$\varepsilon$ 是随机扰动项。具体如表6-3所示。

**表6-3　　模型变量解析**

| 变量类型 | 变量名称 | 测度指标 | 代表符号 |
|---|---|---|---|
| 被解释变量 | 绿色全要素生产率 | 指标体系测度 | gtfp |
| 核心解释变量 | 数字经济 | 指标体系测度 | dig |
| 控制变量 | 政府干预 | 政府财政支出所占GDP比重（%） | gover |
| | 金融发展水平 | 金融机构本外币存贷款余额与GDP之比（%） | finc |
| | 教育发展 | 教育支出经费/GDP（%） | edulev |
| | 科技创新 | 国内专利申请授权数（件） | innov |
| | 产业结构水平 | 第三产业比重（%） | industry |
| | 城镇化 | 城镇化率（%） | urban |

## 6.4.2　空间相关性分析

本章选择空间经济距离矩阵作为数字经济对绿色全要素生产率的空间权重矩阵，采用Moran's I指数法检验绿色全要素生产率的全局相关性，使用Stata16软件计算，结果如表6-4所示。

**表6-4　　绿色全要素生产率的Moran's I指数**

| 年份 | Moran's I | P值 |
|---|---|---|
| 2011 | 0.238 | 0.008 |
| 2012 | 0.234 | 0.009 |

续表

| 年份 | Moran's I | P 值 |
| --- | --- | --- |
| 2013 | 0.225 | 0.011 |
| 2014 | 0.228 | 0.010 |
| 2015 | 0.218 | 0.013 |
| 2016 | 0.136 | 0.107 |
| 2017 | 0.165 | 0.057 |
| 2018 | 0.189 | 0.031 |
| 2019 | 0.169 | 0.048 |
| 2020 | 0.136 | 0.103 |

由表 6-4 可知，全局莫兰指数全部为正，且大多数通过了 10% 的显著性检验，这表明绿色全要素生产率具有较强的空间相关性。进一步通过局部莫兰图来检验局部相关性，Moran's I 散点图见图 6-2，可以看出大部分省（市、自治区）集中在第一象限和第三象限，表明绿色全要素生产率存在很强的空间正相关性和相似的聚集特征。

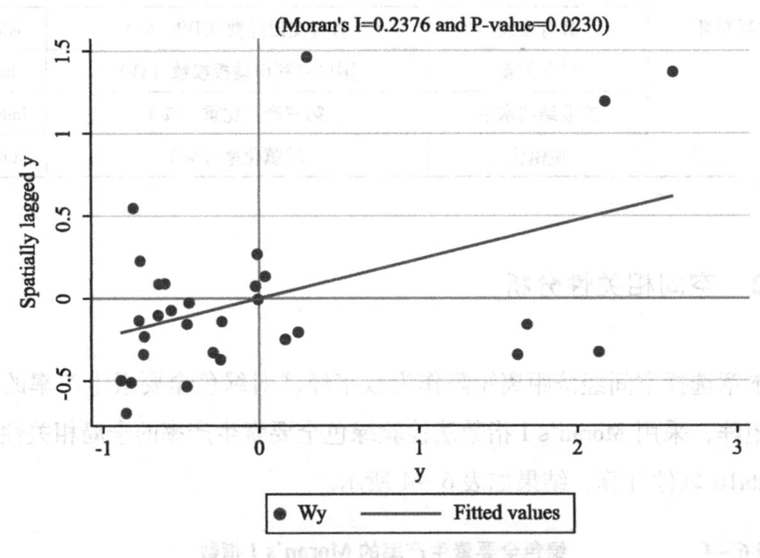


图 6-2 绿色全要素生产率莫兰散点图

### 6.4.3　空间回归结果分析

通过进行LR检验和Wald检验可以发现，LR检验和Wald检验的系数均通过显著性检验，空间杜宾模型（SDM）不会退化为空间自回归模型（SAR）和空间误差模型（SEM），因此，本章选择空间杜宾模型（SDM）来研究数字经济与绿色全要素生产率的关系。其次，运用Hausman检验对空间杜宾模型的随机效应和固定效应进行选择，结果表明时间固定效应的空间杜宾模型更优。因此，本章选择时间固定效应的空间杜宾模型进行实证分析，其具体估计结果如表6－5所示。

**表6－5　　数字经济对绿色全要素生产率的模型回归结果**

| 变量 | (1) | (2) | (3) | (4) |
|---|---|---|---|---|
| dig | 1.170*** | 0.652 | 0.770** | 0.390 |
| | (4.62) | (0.16) | (2.35) | (0.91) |
| gover | | −0.0154*** | 0.0268*** | −0.0173*** |
| | | (−3.31) | (8.47) | (−3.67) |
| finc | | 0.0817** | 0.0734* | 0.0858** |
| | | (2.93) | (2.32) | (3.01) |
| edulev | | 0.0235 | 0.139*** | 0.0300 |
| | | (0.98) | (5.17) | (1.22) |
| innov | | −0.00000119** | 0.00000200*** | −0.00000115** |
| | | (−3.00) | (4.38) | (−2.94) |
| industry | | −0.00583* | 0.00877* | −0.00407 |
| | | (−2.08) | (2.56) | (−1.38) |
| urban | | −0.0440*** | 0.0105** | −0.0452*** |
| | | (−5.37) | (2.74) | (−5.55) |
| Spatial | | | | |
| rho | 0.0705 | −0.109 | −0.0692 | −0.124 |
| | (0.70) | (−1.11) | (−0.65) | (−1.21) |
| Variance | | | | |

续表

| 变量 | (1) | (2) | (3) | (4) |
|---|---|---|---|---|
| sigma2_ e | 0. 0887 ***<br>(12. 24) | 0. 00839 ***<br>(12. 23) | 0. 0350 ***<br>(12. 24) | 0. 00808 ***<br>(12. 23) |
| $R^2$ | 0. 185 | 0. 226 | 0. 632 | 0. 331 |
| N | 300 | 300 | 300 | 300 |

注：括号内为 t 值，*、**、*** 分别表示在 10%、5%、1% 显著水平下显著。

模型（1）为未加入控制变量的 SDM 模型，模型（2）为加入控制变量的个体固定效应的 SDM 模型，模型（3）为加入控制变量的时间固定效应的 SDM 模型，模型（4）为加入控制变量的个体和时间双固定效应的 SDM 模型。针对模型（3）的回归结果进行分析，核心解释变量数字经济发展的系数在 5% 的水平上通过显著性检验并且为正，表明数字经济的发展对推动绿色全要素生产率提升具有显著作用。从控制变量来看，6 个控制变量均通过了 10% 水平的显著性检验。政府财政支出所占 GDP 比重系数为正，说明增加政府财政支出有利于本地区经济增长质量提升。金融发展水平系数为正，说明银行等金融行业在对资源进行配置的过程中，给予金融支持，促进了各产业的技术进步与创新，进一步促进了绿色全要素生产率的提高。对于教育支出和科技水平则与绿色全要素生产率水平存在正向影响关系，说明加大对教育的财政支出，培养高水平人才，同时提升地区科技水平，对于提升地区绿色全要素生产率也是非常重要的。产业结构对绿色全要素生产率有正向的显著影响，可能是因为第三产业比重越大，对环境污染的影响越小，有利于推动绿色发展。城镇化同样对绿色全要素生产率的提高有一定的促进作用。

### 6.4.4 溢出效应分析

数字经济对绿色全要素生产率影响的空间效应可以分解为直接效应和间接效应。直接效应反映了数字经济对本地绿色全要素生产率的平均影响；间接效应也被称为空间溢出效应，反映了数字经济对邻近地区绿色全要素生产率的平均影响。当存在空间溢出效应时，一个变量的变化不仅会影响本区域绿色全要素生产率，而且还会对邻近的绿色全要素生产率产生影响。数字经济对绿色全要素生产率的空间影响效应进行分解的直接效应和间接效应见表6－6。

**表6－6　　SDM时间固定效应模型的空间效应分解**

| 变量 | LR Direct | LR Indirect | LR Total |
| --- | --- | --- | --- |
| dig | 0.600 * | 0.143 * | 0.743 * |
| | (2.36) | (2.38) | (1.17) |
| gover | 0.0264 *** | 0.0178 * | 0.0442 *** |
| | (8.87) | (2.49) | (5.55) |
| finc | 0.0743 * | 0.126 | 0.200 * |
| | (2.37) | (1.75) | (2.37) |
| edulev | −0.136 *** | −0.208 *** | −0.344 *** |
| | (−5.35) | (−3.83) | (−5.74) |
| innov | −0.00000207 *** | 0.00000430 *** | 0.00000223 |
| | (−4.59) | (3.31) | (1.90) |
| industry | 0.00875 ** | −0.00206 | 0.00670 |
| | (2.61) | (−0.26) | (0.82) |
| urban | 0.0106 ** | −0.0156 ** | −0.00506 |
| | (2.73) | (−2.65) | (−0.76) |

注：括号内为t值，*、**、***分别表示在10%、5%、1%显著水平下显著。

从表6－6可知，数字经济的直接效应为0.600，在10%的水平上是显著的，这表明本区域数字经济与本区域绿色全要素生产率呈正相关，本地数字经济发展水平提升有助于推动经济绿色发展。各控制变量的系数显著为正，说明本地区政府参与度、金融和教育以及科技发展水平、第三产业所占比重以及城镇化会显著推动当地绿色全要素生产率提升。数字经济的间接效应为0.143，通过显著性检验，说明数字经济与邻近区域的绿色全要素生产率呈正相关。间接效应中，政府干预、金融发展水平、科技创新对绿色全要素生产率具有正向促进作用，教育发展水平、产业结构水平以及城镇化程度对绿色全要素生产率的影响为负，说明相邻地区教育发展水平、第三产业比重以及城镇化率的提高具有负向溢出效应，相邻地区的教育水平提升会促进人才资源流向此地区，进而不利于本地区人才资源的积累。总体上，数字经济能够促进地区绿色全要素生产率提高，并且政府参与度、金融发展水平以及教育发展水平对绿色全要素生产率具有一定的调节影响。

### 6.4.5 异质性分析

由于不同省域在地理位置、产业结构和经济水平等方面存在着差异，数字经济对绿色全要素生产率的影响可能会存在地区差异，因此，本章利用时间固定的空间杜宾模型分析了数字经济对绿色全要素生产率的异质性，其具体分析结果见表6-7。

**表6-7 异质性分析结果**

| 变量 | 东部 | 中部 | 西部 | 东北 |
|---|---|---|---|---|
| dig | 0.569*** | 0.224*** | 0.169* | 0.192* |
| | (3.29) | (3.56) | (2.32) | (2.34) |
| gover | 0.0112* | 0.134*** | 0.0333*** | 0.0461** |
| | (2.11) | (4.51) | (7.51) | (2.84) |
| finc | 0.0878*** | 0.884*** | 0.0878 | 0.722*** |
| | (3.95) | (4.91) | (1.51) | (7.48) |
| edulev | 0.0775* | 0.221 | 0.120*** | 0.0985 |
| | (2.21) | (1.75) | (4.12) | (0.80) |
| innov | 0.0000000376 | 0.0000205** | 0.0000151** | 0.0000764*** |
| | (0.16) | (2.70) | (3.13) | (4.17) |
| industry | 0.00408 | 0.00119 | 0.00299 | 0.0114 |
| | (1.01) | (0.18) | (0.54) | (1.14) |
| urban | 0.00717 | 0.204*** | 0.0167*** | 0.0671 |
| | (1.27) | (4.12) | (4.15) | (1.14) |
| $R^2$ | 0.324 | 0.196 | 0.599 | 0.553 |
| N | 100 | 60 | 110 | 30 |

注：括号内为t值，*、**、***分别表示在10%、5%、1%显著水平下显著。

我国东、中、西部以及东北地区的数字经济发展水平系数均为正，说明数字经济在四大区域中均对绿色全要素生产率提升有正向的促进作用。对东、中、西部以及东北部地区的影响效应进行比较，可以看出数字经济发展对东部地区的绿色全要素生产率影响作用最大，影响系数为0.569；中部地区次之，影响系数为0.224；然后是东北地区，影响系数为0.192；对西部地区的影响最小，影响系数为0.192。可见数字经济对绿色全要素生产率的影响程度具有明显的区域差异性，原因主要是东部地区是我国数字经济发展水平较发达的地区，经济基础良好，产业结构水平高，高新技术产业得到长足发展，优越的地理位置吸引了更多人才，对于绿色全要素生产率的促进作用更为明显。相反，西部地区在地理位置和发展条件上具有不足，教育发展水平和科技创新发展水平相较于东部地区处于劣势地位，所以数字经济发展较为缓慢，削弱了数字经济对绿色全要素生产率的影响作用。

### 6.4.6　稳健性分析

本章使用地理邻接矩阵代替空间经济距离矩阵作为空间权重矩阵，运用时间固定效应的空间杜宾模型进行稳健性检验，结果见表6-8。核心解释变量数字经济发展水平的系数仍然在5%的水平上显著，这表明本书的实证结果具有一定的稳健性。

表6-8　　稳健性结果

| 变量 | 时间固定效应模型 |
|---|---|
| dig | 0.819** |
| | (2.83) |
| gover | 0.0247*** |
| | (8.09) |
| finc | 0.123*** |
| | (4.34) |

续表

| 变量 | 时间固定效应模型 |
| --- | --- |
| edulev | 0.130*** |
| | (5.65) |
| innov | 0.0000002 |
| | (0.57) |
| industry | 0.00593* |
| | (1.87) |
| urban | 0.0110*** |
| | (4.57) |
| $R^2$ | 0.662 |
| N | 300 |

注：括号内为t值，*、**、***分别表示在10%、5%、1%显著水平下显著。

## 6.5 本章小结

本章基于2011—2020年中国30个省（市、自治区）的面板数据，探讨了数字经济影响绿色全要素生产率的直接影响机制和间接影响机制，运用时间固定效应的空间杜宾模型，实证分析了数字经济对绿色全要素生产率的影响效应及区域异质性。主要研究结论如下：第一，数字经济能够促进绿色全要素生产率的提升，同时存在空间溢出效应，数字经济不仅对本地区的绿色全要素生产率具有正向促进作用，而且还对邻近地区绿色全要素生产率的提升具有促进作用。第二，区域异质性结果表明，不同区域的数字经济对绿色全要素生产率的影响程度不同，我国数字经济的发展对东部地区的绿色全要素生产率的发展影响最大，中部地区和东北部地区次之，西部地区的影响最小。

# 第 7 章

# 结论和政策建议

## 7.1 主要研究结论

数字经济发展对我国的经济发展具有重大影响，全面深入了解我国数字经济发展状况以及数字经济对我国经济发展的影响具有十分重要的意义。本书通过梳理文献，并对相关理论进行阐述，基于我国30个省（市、自治区）2011—2020年的面板数据，对我国数字经济发展的现状进行分析，从区域经济发展、产业结构发展以及绿色经济发展效率三个层面实证分析我国数字经济发展对经济发展的影响，得出以下结论：

（1）从数字经济的发展现状来看，我国数字经济在发展水平、发展速度和发展差异上发生了重大变化。

首先，我国数字经济存在明显的空间相关性。从全局莫兰指数看，我国数字经济发展水平在空间上存在明显的集聚现象，且这一现象在2011—2020年未出现明显改变；从局部莫兰指数来看，2011—2020年我国局部莫兰散点图显示大多数样本省份均位于第一、第三象限，数字经济发展水平的空间关联特征非常明显。

其次，数字经济发展水平明显提高，发展势头迅猛。从全国层面来看，2020年中国数字经济发展平均水平指数达到了25.68，是2011年的2.76倍，我国数字经济发展平均水平有了明显提升；从经济区域层面来看，四大经济区域数字经济发展水平提升明显，增速较快；从省级层面来看，北京、上海、广东等经济发达地区的数字经济发展水平长期保持领先，北京市数字经济发展水平指数在2020年达到了75.41，是同时期全国平均水平的2.94倍，而数字经济发展水平较低的省份如青海、甘肃、内蒙古等地区，尽管数字经济发展水平起点较低，但其增长速度较快，十年间，数字经济发展水平指数增速基本达到了17%以上，可见我国各省份数字经济发展水平提高有着良好趋势。

再次，数字经济发展基础成为提升数字经济发展水平的关键，产业数字化发展成为难点。从全国层面来看，数字经济发展基础、数字产业化发展和产业数字化发展均有明显提升，但数字经济发展基础在发展过程中逐渐落后于其他两个维度，2020 年数字经济发展基础与其他两个维度的差距分别为 4.61 和 3.24，提升数字经济发展基础水平是当前提升数字经济发展水平的关键，另一方面，产业数字化发展水平自 2015 年之后增长缓慢，2015—2020 年仅增长了 20.49%，说明随着数字技术的深入应用，进一步将数字技术与传统产业融合成为新的难点，产业数字化发展面临困难。从省级层面来看，各经济区域发展趋势与全国整体趋势类似，但东北部、中部和西部地区数字经济发展存在明显短板，数字经济发展基础设施有待发展，产业数字化和数字产业化进程需要进一步推进。

最后，数字经济发展水平差距拉大，数字经济发展的区域异质性明显。从全国视角来看，我国 30 个省级行政区数字经济发展水平指数的标准差已经从 2011 年的 7.64 增长到 2020 年的 13.62，数字经济发展水平的离散程度明显上升，极差也从 2011 年的 31.80 增长到 2020 年的 62.07，数字经济发展水平之间的差距明显被拉大，并且各省份实现数字经济跨越发展的难度明显增大，2011 年数字经济发展二线与一线之间的平均差距为 11.93，而在 2020 年这一差距已经被拉大到 19.32。从分区域视角来看，尽管东北地区和中西部地区保持着较快的数字经济发展增速，但与东部地区数字经济发展水平仍然存在明显差距，且这一差距在被拉大，东部地区与东北部地区、中部地区和西部地区数字经济发展水平的差距在 2011 年分别为 4.14、3.08 和 2.78，而在 2020 差距拉大到了 6.61、4.74 和 5.05，区域间数字经济差距较为明显。

（2）从数字经济对区域经济增长的影响来看，我国数字经济的发展在区域经济增长上发挥着重要作用。

首先，数字经济对区域经济增长存在正向的促进作用。将数字经济作为核心解释变量，人均 GDP 作为被解释变量来代表经济增长，此外设置城镇化水平、财政干预程度、固定资产投资变动、对外贸易、产业结构、教育水平、人力资源为控制变量，构建空间杜宾模型，最终得到数字经济系数为 5.61，且通过了显著性检验，说明数字经济对于区域经济增长存在正向的促进作用。

其次，数字经济对于区域经济增长存在正向的空间溢出效应。对于上述空间杜宾模型的空间溢出效应进行分解，发现数字经济的直接效应为5.32，间接效应为8.84，总效应为14.16，且均通过了显著性检验，这意味着当地的数字经济每增加一个单位，就会造成当地人均GDP增加5.32个单位，而周边地区的数字经济每增加一个单位，就会造成当地人均GDP增加8.84个单位，可见区域经济增长不仅受到自身数字经济发展的促进，还受到周边地区数字经济发展的推动，其正向的空间溢出效应再次体现了数字经济打破空间壁垒的特性。

再次，数字经济对于不同产业经济规模的增长促进作用不同，对农业和工业造成些许的负向影响，而对服务业形成正向的影响。基于数字经济分别对于一、二、三产业空间杜宾模型回归结果来看，第一、二产业系数为负，分别约为-0.6和-2.0，第三产业系数为正，约为7.8，数字经济与第三产业的融合水平明显高于与第一、二产业的融合水平。

最后，数字经济对于不同区域经济增长的促进效果不同，对于较发达地区数字经济的促进作用较弱，而对于欠发达地区数字经济的促进作用较强。将样本划分为东部、中部、西部、东北4部分后分别构建空间杜宾模型，东、中、西部数字经济系数分别为4.061、6.067和7.784，东北地区随机效应模型显著系数为5.858，可见最为发达的东部数字经济对经济增长的促进效果最弱，而相对欠发达的西部数字经济促进效果却最好，这可能是由于数字经济发展所存在的瓶颈效应所导致的。

（3）从数字经济对产业结构发展的影响来看，我国产业结构正经历着重大变革，数字经济从产业结构合理化和产业结构高级化两个层面赋能产业结构升级发展。

首先，我国的产业结构升级水平测度结果表明，十年间产业结构合理化指数整体上呈下降趋势，产业高级化指数整体上呈上升趋势，产业结构逐渐向合理化和高级化方向发展。从空间上看，产业结构升级表现出地区之间不平衡、不协调、由东向西递减的空间特征，东部地区发展优于中、西部地区，且差距较大。

其次，产业结构发展的空间自相关检验结果表明，我国的产业结构合理化和产业结构高级化的空间相关性正向显著，即邻近的产业结构发展对本地区的产业结构发展具有显著的促进作用。另外，产业结构合理化的空间相关性逐渐减小，而产业结构高级化的空间相关性逐渐递增。

再次，空间计量模型的实证结果表明，我国数字经济发展对产业结构合理化水平具有显著的促进作用，说明数字经济正在引领产业变革，通过提供数字化技术，引导传统产业转型升级，催生出新兴产业，激发新业态、新模式，重塑市场需求结构，推动产业结构优化升级。另外，我国数字经济发展对产业结构高级化具有空间溢出效应，但数字经济对产业结构合理化的空间溢出效应不显著。

最后，异质性分析表明，各区域数字经济发展水平对产业结构合理化发展具有明显的促进作用。但东部与中部地区数字经济发展对产业结构高级化发展起不到促进作用，西部地区数字经济发展对产业结构高级化发展的促进作用不显著，而东北部数字经济发展能够较为明显地推动产业结构高级化发展。

（4）从数字经济对绿色全要素生产率的影响分析，目前，我国经济向绿色转型发展，而数字经济已成为推动经济绿色发展的重要驱动力。

绿色全要素生产率的测度结果显示，东部沿海地区的绿色全要素生产率相对较高，而中西部地区的绿色全要素生产率较低，增长较为缓慢。空间计量模型的实证结果表明数字经济能够促进绿色全要素生产率的提升，同时还存在空间溢出性，数字经济不仅能促进本地区还能促进邻近地区绿色全要素生产率的进步。区域异质性结果表明，不同区域的数字经济对绿色全要素生产率的影响程度不同，将东、中、西和东北部地区的结果进行对比，我国数字经济对东部地区绿色全要素生产率的提升影响最大，中部地区次之，紧接着是东北部地区，西部地区的影响最小。

# 7.2　政策建议

## 7.2.1　积极推动国家数字经济发展

### 7.2.1.1　大力发展数字经济，完善数字基础设施建设

在数字经济时代，数字基础设施的完善是基础，要加大对互联网基础设施的投资规模和力度，加快新型基础设施建设，分阶段分层次稳定推进"数字中国"战略试点的实施，扩大信息网络覆盖范围和深度。政府层面要相应地加大数字经济基础设施建设资源投放比例，同时要保持良好的创新科研环境，为数字经济的发展提供技术支撑。

### 7.2.1.2　推动数字产业化和产业数字化发展进程

大力推动数字技术的应用和融合，推动数字化应用的加速落地与深入发展，数字产业化发展作为数字经济的先导性基础，实现在整体顶层设计层面的政策性倾斜，以此加快新兴产业的发展速度；产业数字化作为提升传统产业生产效率的重要抓手，要加快新型数字技术与传统产业的深度融合和创新发展，寻找传统产业新的经济增长点，探索实体经济与数字经济新型融合方式，推进农业、工业、服务业运营方式的数字化转变。

### 7.2.1.3　推动区域间数字经济协同发展，降低区域间的数字鸿沟

我国各区域在经济发展、科技创新、人才储备上存在客观差距，导致了区域发展不平衡，而数字经济作为全新经济形态，有望成为协调区域经济发展的重要因素，因此各区域要针对区域发展实际情况，制定符合本区域的数字经济发展战略。对于东部地区而言，数字经济发展水平高，数字基础设施建设情况良好，应该将发展重心放在数字技术赋能实体产业上，推动数字经济与传统产业的加快融合；对于中部和西部地区，数字经济发展潜力大，应该进一步完善数字基础设施，促进数字技术与优势产业的融

合，推动产业转型升级；对于东北地区而言，应当先完善数字基础设施的建设，提高对科技创新环境构建的重视，为数字经济的发展打下良好基础，同时，将重点放在产业数字化转型中，实现老工业区的转型发展，为东北经济振兴打下良好产业基础。

### 7.2.2 利用数字经济发展，助力国家经济增长

#### 7.2.2.1 加大对数字经济建设的投入，为经济规模增长增添新动能

数字经济对经济规模增长起到明显的促进作用和正向的空间溢出效应，应不断加大对数字经济建设的投入。首先，政府需要设立激励政策，吸引更多的资金流入数字经济建设之中，引导培养数字经济建设所需的人才；其次，企业需要及时优化自身的产品和服务，加速数字化的落实，拓宽数字经济的覆盖广度，挖掘数字经济的内涵深度，丰富数字市场，拉动经济增长；再次，金融机构需要加大对于科技金融等的扶持，引导资金流向，匹配政府和企业对数字经济发展的需求；最后，消费者需要以积极乐观的心态学习和适应数字化的社会，为数字经济市场提供足够的消费和需求，促进数字经济的健康发展，拉动经济循环。

#### 7.2.2.2 深化数字经济与产业的融合，尤其是与第一、第二产业的融合

随着技术的创新和不断进步，基础的农业和工业所需要的劳动力逐渐减少，而服务行业蓬勃发展，再加上服务行业相对于其他行业的灵活性，数字经济与第三产业实现了更好的融合，与第一、第二产业的融合却还有待提升，且限于环境等因素的影响，甚至对第一、第二产业产生了负面的影响。一方面，应当深化数字经济与各个产业的融合，尤其是对农业和工业的融合，这方面的难点主要是目前针对农业和工业技术创新的创新速度较为缓慢，数字化的农业、工业生产的落实对于大多数地区和民众来说比较困难，这些问题应当着重关注；另一方面，注重欠发达地区的人才流失问题，由于农业、工业所提供的就业岗位有限，使得大量的人才避开相关的技术工作或选择前往相对发达的地区，导致农业、工业占比较重的区域往往人才缺失，相关领域的技术创新也进展较慢，因此需要通过培养人才

和留住人才来解决。

#### 7.2.2.3 利用数字经济促进区域协调发展，以东部地区带动中西部地区的经济规模增长

我国数字经济发展在区域间存在明显差异，东部地区的数字经济水平明显高于中西部地区及东北地区，而数字经济却对欠发达地区经济增长的促进作用更强，对于较发达地区则可能由于瓶颈效应，无法促进经济规模大幅增长，因此利用好数字经济所包含的规模经济、范围经济、网络经济的特征，协调好东西部发展，是促进区域协调、缩小东西部经济差距的一条捷径。比如中西部的特色工农产品的电子销售、中西部特色文化及周边产品的网络宣传等，利用好网络扩大产品的销售范围及生产规模，逐步提升特色产业的经济规模，在此过程中吸引发达地区的资金流入和技术扶持，根据自身情况逐步实现转型发展和质量提升；再比如通过政策激励或社会责任的约束，从发达地区向欠发达地区引入资金和人才，加大对数字经济基础设施的投入，对中西部地区的现有产业加以改进，从根本上平衡各地区经济规模的增长，促进区域协调。

### 7.2.3 利用数字经济发展，实现产业结构升级

#### 7.2.3.1 加强东部地区引领示范作用，推动产业结构协调发展

东部地区应加强引领示范作用，不断探索数字化促进产业结构优化升级的新路径，进一步推动产业结构优化发展。中、西部地区应借鉴和吸收东部地区产业结构优化升级的成功经验，加强与东部地区的产业合作与交流，加快传统产业的转型升级，促进新兴产业集群发展，引导产业结构向合理化、高级化方向发展，缩小地区产业结构发展差距。

#### 7.2.3.2 提升数字经济发展水平，推进产业结构优化升级

数字经济发展对产业结构发展具有显著的促进作用。因此，要加快数字经济发展进程，大力发展数字化技术。首先，加强数字技术对传统农业的改造。将大数据、人工智能、云计算等数字化技术应用到农业领域，推动农业信息化、智能化发展。同时建立农产品线上线下相结合的销售渠

道，降低农业生产成本，提高农业生产效率和农业数字化水平，推动农业现代化发展。其次，推动制造业数字化发展。全面推动制造企业的研发设计、生产加工、经营管理、销售服务等环节的数字化发展，加强大数据、人工智能、区块链等关键核心技术的研发，推动智能制造新模式新业态发展。同时，推动工业互联网平台的开发与建设，打造基于平台的制造业新生态，加快传统工业的转型发展。最后，加快服务业数字化转型。充分利用互联网、大数据、云计算等信息技术，推动数字医疗、数字文旅、数字教育等新业态新模式的发展。以网络平台支撑服务业发展，实现产业智能化、数字化，进而推动产业结构优化升级。

### 7.2.4 利用数字经济发展，促进经济绿色发展

#### 7.2.4.1 大力发展数字经济，促进经济绿色发展

推动发展数字经济，促使数字经济成为城市绿色产业改造升级的助推力。第一，要大力推动大数据、互联网、人工智能以及5G等新兴科技的发展，促进我国经济绿色创新技术支撑体系的形成；第二，大力促进数字经济与传统经济和实体经济融合发展，提高产业生产力，给予经济增长强劲动力。可以通过专项补贴、财政支持等方式加大对数字化产业的资金投入，促进传统产业的数字化转型，改善数字化经济发展环境。

#### 7.2.4.2 转变经济发展方式，实现经济绿色发展

构建现代化的经济产业体系，实现经济绿色转型。第一，对传统产业进行改造，推动农业、制造业等多种业态的产业数字化转型，提高资源配置效率，促进经济快速增长。培育新的生态方式，降低环境污染，实现经济的绿色发展；第二，积极培育高新技术等新兴产业，加快赋能数字经济的落地产业，例如人工智能、云计算等产业的发展。第三，数字经济赋能第三产业快速发展，增加第三产业比重，促进产业结构转型。

#### 7.2.4.3 发挥政府引导作用，实行差异化发展政策

考虑到数字经济在区域间的异质性，政府需要因地制宜、科学引导，实施差异化的发展策略，推进数字经济协调发展。在区域经济绿色发展过

程中，应继续发挥东部地区数字经济的带动作用，在发展自身数字经济的同时，充分利用数字经济的正向外部溢出效应，带动中西部地区数字经济的发展。其次，中部地区应发展和完善其数字经济基础设施建设，加快产业结构优化，构建可持续发展的生态经济新理念；西部地区各省经济高质量发展水平普遍低下，需要打破固有思路，将数字经济与生态保护相结合，充分利用好西部地区作为产业转移带的机遇，在不牺牲环境为代价的基础上，加快本地的数字化进程。

#### 7.2.4.4 大力培育和引进人才，提升绿色技术创新能力

加大对于绿色技术创新的研发投入，建立稳定的市场环境，夯实制度对于绿色全要素的保障作用，让数字经济和绿色技术共同形成更强的驱动合力。同时，更应该积极制定人才引进政策，为数字经济和绿色全要素生产率的发展积极培育和引进绿色技术创新人才。加强科技创新，积累具有复合背景和专业技术的高素质人才资源，并以此推动经济绿色发展。

# 参考文献


[1] Tapscott, Don. The digital economy: Promise and peril in the age of networked intelligence[J]. Educom Review, 1996.

[2] AHMAD N, SCHREYER P. Measuring GDP in a digitalized economy[R]. OECD Statistics Working Papers, 2016/07, OECD Publishing, Paris.

[3] Bureau of Economic Analysis (BEA). Defining and Measuring the Digital Economy [EB/OL]. 2018 - 03 - 15. https://www.bea.gov/research/papers/2018/defining - and - measuring - digital - economy.

[4] 二十国集团数字经济发展与合作倡议 [EB/OL]. (2016 - 09 - 29) [2017 - 02 - 28]. http://www.cac.gov.cn/2016 - 09/29/c_1119648520.htm.

[5] 中国信息通信研究院．中国数字经济发展白皮书（2017 年）[R]. 2017.

[6] “十四五”数字经济发展规划．中华人民共和国国务院公报，2021 - 12 - 12. http://www.gov.cn/zhengce/content/2022 - 01/12/content_5667817.htm.

[7] 李长江．关于数字经济内涵的初步探讨 [J]. 电子政务，2017（09）：84—92.

[8] 裴长洪，倪江飞，李越．数字经济的政治经济学分析 [J]. 财贸经济，2018，39（9）：5—22.

[9] 左鹏飞，陈静．高质量发展视角下的数字经济与经济增长 [J]. 财经问题研究，2021（9）：19—27.

[10] 焦帅涛，孙秋碧．我国数字经济发展测度及其影响因素研究[J].

调研世界，2021（7）：13—23.

[11] OECD. OECD Information Technology Outlook 2000: ICTs, E-commerce and the Information Economy [M]. OECD Publishing, Paris, 2000.

[12] OECD. OECD Guide to Measuring the Information Society [M]. OECD Publishing, Paris, 2011.

[13] 国家统计局设计管理司．信息产业统计分类简介［J］．中国统计，2004（3）：13—14.

[14] 中国信息通信研究院．2015 中国信息经济研究报告［R］．北京，2015.

[15] 数字经济及其核心产业统计分类（2021）［J］．中华人民共和国国务院公报，2021（20）：16—30.

[16] ABS. Measuring Digital Activities in the Australian Economy [EB/OL]. 2019.

[17] 中国信息化百人会，2017："2016 中国信息经济发展报告"，《信息化建设》，2017（1）：39—44.

[18] 腾讯研究院．中国"互联网 + "数字经济指数（2017）［J］．深圳：腾讯研究院，2017.

[19] 杨仲山，张美慧．数字经济卫星账户：国际经验及中国编制方案的设计［J］．统计研究，2019，36（5）：16—30.

[20] 向书坚，吴文君．中国数字经济卫星账户框架设计研究［J］．统计研究，2019，36（10）：3—16.

[21] 许宪春，张美慧．中国数字经济规模测算研究——基于国际比较的视角［J］．中国工业经济，2020（5）：23—41.

[22] Commission E. DESI 2015. Digital Economy and Society Index. Methodological Note [J]. European Commission, 2015.

[23] 徐清源，单志广，马潮江．国内外数字经济测度指标体系研究综述［J］．调研世界，2018（11）：52—58.

[24] 上海社会科学院经济研究所．全球数字经济竞争力发展报告［M］．社会科学文献出版社，2017.

[25] 刘军，杨渊鋆，张三峰. 中国数字经济测度与驱动因素研究[J]. 上海经济研究，2020 (6)：81—96.

[26] 吴晓怡，张雅静. 中国数字经济发展现状及国际竞争力 [J]. 科研管理，2020，41 (5)：250—258.

[27] 王军，朱杰，罗茜. 中国数字经济发展水平及演变测度 [J]. 数量经济技术经济研究，2021，38 (7)：26—42.

[28] 张雪玲，陈芳. 中国数字经济发展质量及其影响因素研究 [J]. 生产力研究，2018 (6)：67—71.

[29] 焦帅涛，孙秋碧. 我国数字经济发展测度及其影响因素研究[J]. 调研世界，2021 (7)：13—23.

[30] 王彬燕，田俊峰，程利莎，浩飞龙，韩翰，王士君. 中国数字经济空间分异及影响因素 [J]. 地理科学，2018，38 (6)：859—868.

[31] 钱海燕，江煜. 浙江数字经济水平的测量及影响因素——基于熵值 - Tobit 模型 [J]. 浙江树人大学学报（人文社会科学)，2020，20 (6)：40—47.

[32] 余海华. 中国数字经济空间关联及其驱动因素研究 [J]. 统计与信息论坛，2021，36 (9)：23—34 +44.

[33] 蔡绍洪，谷城，张再杰. 中国省域数字经济的时空特征及影响因素研究 [J]. 华东经济管理，2022，36 (7)：1—9.

[34] 宋洋. 经济发展质量理论视角下的数字经济与高质量发展 [J]. 贵州社会科学，2019 (11)：102—108.

[35] 张英浩，汪明峰，刘婷婷. 数字经济对中国经济高质量发展的空间效应与影响路径 [J]. 地理研究，2022，41 (7)：1826—1844.

[36] 赵涛，张智，梁上坤. 数字经济、创业活跃度与高质量发展——来自中国城市的经验证据 [J]. 管理世界，2020，36 (10)：65—76.

[37] 汤旖璆. 数字经济赋能城市高质量发展——基于智慧城市建设的准自然实验分析 [J]. 价格理论与实践，2020 (9)：156—159 +180.

[38] 杨慧梅，江璐. 数字经济、空间效应与全要素生产率 [J]. 统计研究，2021，38 (4)：3—15.

［39］张焱．数字经济、溢出效应与全要素生产率提升［J］．贵州社会科学，2021（3）：139—145.

［40］赵西三．数字经济驱动中国制造转型升级研究［J］．中州学刊，2017（12）：36—41.

［41］焦勇．数字经济赋能制造业转型：从价值重塑到价值创造［J］．经济学家，2020（6）：87—94.

［42］陈小辉，张红伟，吴永超．数字经济如何影响产业结构水平？［J］．证券市场导报，2020（7）：20—29.

［43］韩健，李江宇．数字经济发展对产业结构升级的影响机制研究［J］．统计与信息论坛，2022，37（7）：13—25.

［44］王宝顺，邱柯，张秋璇．数字经济对国际税收征管的影响与对策——基于常设机构视角［J］．税务研究，2019（2）：86—91.

［45］戚聿东，刘翠花，丁述磊．数字经济发展、就业结构优化与就业质量提升［J］．经济学动态，2020（11）：17—35.

［46］杜雪锋．数字经济发展的国际比较及借鉴［J］．经济体制改革，2020（5）：164—170.

［47］龚晓莺，杨柔．数字经济发展的理论逻辑与现实路径研究［J］．当代经济研究，2021（1）：17—25＋112.

［48］黄浩．数字经济带来的就业挑战与应对措施［J］．人民论坛，2021（1）：16—18.

［49］杨新铭．数字经济：传统经济深度转型的经济学逻辑［J］．深圳大学学报（人文社会科学版），2017，34（4）：101—104.

［50］裴长洪，倪江飞，李越．数字经济的政治经济学分析［J］．财贸经济，2018，39（9）：5—22.

［51］荆文君，孙宝文．数字经济促进经济高质量发展：一个理论分析框架［J］．经济学家，2019（2）：66—73.

［52］韩晶，孙雅雯，陈曦．后疫情时代中国数字经济发展的路径解析［J］．经济社会体制比较，2020（5）：16—24.

［53］陈晓红，李杨扬，宋丽洁，汪阳洁．数字经济理论体系与研究

展望［J］. 社会科学文摘，2022（6）：4—6.

［54］张于喆. 数字经济驱动产业结构向中高端迈进的发展思路与主要任务［J］. 经济纵横，2018（9）：85—91.

［55］李晓华. "新经济"与产业的颠覆性变革［J］. 财经问题研究，2018（3）：3—13.

［56］祝合良，王春娟. 数字经济引领产业高质量发展：理论、机理与路径［J］. 财经理论与实践，2020，41（5）：2—10.

［57］丁志帆. 数字经济驱动经济高质量发展的机制研究：一个理论分析框架［J］. 现代经济探讨，2020（1）：85—92.

［58］郑嘉琳，徐文华. 数字经济助推我国经济高质量发展的作用机制研究——基于区域异质性视角的分析［J］. 价格理论与实践，2020，（8）：148—151.

［59］王金秋，赵敏. 数字经济的政治经济学研究［J］. 政治经济学评论，2021，12（3）：144—163.

［60］胡贝贝，王胜光. 互联网时代的新生产函数［J］. 科学学研究，2017，35（9）：1308—1312＋1369.

［61］王娟. 数字经济驱动经济高质量发展：要素配置和战略选择［J］. 宁夏社会科学，2019（5）：88—94.

［62］Calic G，Ghasemaghaei M. Big data for social benefits：Innovation as a mediator of the relationship between big data and corporate social performance［J］. Journal of Business Research，2021，131：391－401.

［63］徐升华，毛小兵. 信息产业对经济增长的贡献分析［J］. 管理世界，2004（8）：75—80.

［64］A H G T，B C G. Mobile，fixed line and Internet service effects on global productive efficiency［J］. Information Economics and Policy，2007，19（2）：189－214.

［65］Jorgenson D W，Ho M S，Stiroh K J. A retrospective look at the US productivity growth resurgence［J］. Journal of Economic perspectives，2008，22（1）：3－24.

[66] Czernich N, Falck O, Kretschmer T, et al. Broadband infrastructure and economic growth [J]. The Economic Journal, 2011, 121 (552): 505 - 532.

[67] Jiménez M, Matus J A, Martínez M A. Economic growth as a function of human capital, internet and work [J]. Applied economics, 2014, 46 (26): 3202 - 3210.

[68] Ahn J S. The Politics of Social Pacts on Income Security in Digital Economies: Is Government's Role Significant? [J]. 2020, 39 (1): 233 - 267.

[69] 王开科，吴国兵，章贵军．数字经济发展改善了生产效率吗[J]. 经济学家，2020 (10): 24—34.

[70] 张腾，蒋伏心，韦朕韬．数字经济能否成为促进我国经济高质量发展的新动能？[J]. 经济问题探索，2021 (1): 25—39.

[71] 张少华，陈治．数字经济与区域经济增长的机制识别与异质性研究 [J]. 统计与信息论坛，2021，36 (11): 14—27.

[72] 杨文溥．数字经济与区域经济增长：后发优势还是后发劣势？[J]. 上海财经大学学报，2021，23 (3): 19—31 + 94.

[73] 李芳芝，吴叶静婷．数字经济发展对区域经济增长的影响研究[J]. 合肥学院学报（综合版），2021，38 (5): 45—52.

[74] 巫瑞，李飚，原上伟．数字经济对区域经济高质量发展的影响研究 [J]. 工业技术经济，2022，41 (1): 29—36.

[75] Jr H, Garbacz C. Economic impacts of mobile versus fixed broadband[J]. Telecommunications Policy, 2011, 35 (11): 999 - 1009.

[76] 李雅楠，谢倩芸．互联网使用与工资收入差距——基于 CHNS 数据的经验分析 [J]. 经济理论与经济管理，2017 (7): 87—100.

[77] 段博，邵传林，段博．数字经济加剧了地区差距吗——来自中国 284 个地级市的经验证据 [J]. 世界地理研究，2020，29 (4): 728—737.

[78] 钟文，郑明贵．数字经济对区域协调发展的影响效应及作用机制 [J]. 深圳大学学报（人文社会科学版），2021，38 (4): 79—87.

［79］陈修颖，苗振龙．数字经济增长动力与区域收入的空间分布规律［J］．地理学报，2021（8）．

［80］周超，黄乐．数字普惠金融对区域经济高质量发展的影响研究［J］．价格理论与实践，2021（9）：168—172．

［81］刘儒，张艺伟．数字经济与共同富裕——基于空间门槛效应的实证研究［J］．西南民族大学学报（人文社会科学版），2022，43（3）：90—99．

［82］任晓刚，李冠楠，王锐．数字经济发展、要素市场化与区域差距变化［J］．中国流通经济，2022，36（1）：55—70．

［83］胡鞍钢，王蔚，周绍杰，鲁钰锋．中国开创“新经济”——从缩小“数字鸿沟”到收获“数字红利”［J］．国家行政学院学报，2016（3）：4—13＋2．

［84］田海燕，李秀敏．财政科教支出、技术进步与区域经济协调发展——基于引致技术进步动态多区域 CGE 模型［J］．财经研究，2018，44（12）：85—99．

［85］王永章．智能革命的“财富分配悖论”及其破解路径：唯物史观视域下的考察论析［J］．上海师范大学学报（哲学社会科学版），2018（4）：20—25．

［86］GOYAL A，ANEJA R. Artificial Intelligence and Income Inequality：Do Technological Changes and Worker's Position Matter？［J］．Journal of Public Affairs，2020（4）：125—137．

［87］朱琪，刘红英．人工智能技术变革的收入分配效应研究：前沿进展与综述［J］．中国人口科学，2020（2）：111—125．

［88］王娟娟，佘干军．我国数字经济发展水平测度与区域比较［J］．中国流通经济，2021，35（8）：3—17．

［89］姜奇平．浮现中的数字经济：美国商务部报告［M］．中国人民大学出版社，1998．

［90］田丽．各国数字经济概念比较研究［J］．经济研究参考，2017（40）：101—106＋112．

［91］梁琦．空间经济学：过去、现在与未来——兼评《空间经济学：城市、区域与国际贸易》［J］．经济学（季刊），2005（3）：1067—1086.

［92］Machlup，F. The Production and Distribuiotn of Kowledge in the United States［M］．New Jesrey：Princeton University Press，1962.

［93］Brent R. Moulton. GDP and the Digital Economy：Keeping up with the Changes［J］．Understanding the Digital Economy Data，1999，4（5）：34－48.

［94］Kling R，Lamb R. IT and Organizational Change in Digital Economies［J］．ACM SIGCAS Computers and Society，1999，29（3）：17－25.

［95］Mesenbourg，T. L.，Measuring the Digital Economy. US Bureau of the Census，Suitland，MD，2001.

［96］康铁祥．中国数字经济规模测算研究［J］．当代财经，2008（3）：118—121.

［97］逄健，朱欣民．国外数字经济发展趋势与数字经济国家发展战略［J］．科技进步与对策，2013，30（8）：124—128.

［98］Bukht，R.，& Heeks，R.，Defining，Conceptualising and Measuring the Digital Economy. University of Manchester，2017.

［99］Beomsoo Kim. Virtual Field Experiments for a Digital Economy：A New Research Methodology for Exploring an Information Economy［J］．Decision Support Systems，2002，32（1）：215－231.

［100］何枭吟．美国数字经济研究［D］．吉林大学学位论文，2005.

［101］裴长洪，倪江飞，李越．数字经济的政治经济学分析［J］．财贸经济，2018，39（9）：5—22.

［102］李晓华．数字经济新特征与数字经济新动能的形成机制［J］．改革，2019（11）：40—51.

［103］张路娜，胡贝贝，王胜光．数字经济演进机理及特征研究［J］．科学学研究，2021，39（3）：406—414.

［104］贺铿．关于信息产业和信息产业投入产出表的编制方法［J］．数量经济技术经济研究，1989（2）：34—40＋33.

［105］杨仲山．国民经济核算方法论研究［D］．东北财经大

学，2001.

[106] 中国信息通信研究院．中国数字经济发展白皮书（2020 年）[R]. 2021.

[107] 陈亮．数字经济核算问题研究 [D]. 东北财经大学，2020.

[108] 韩兆安，赵景峰，吴海珍．中国省际数字经济规模测算、非均衡性与地区差异研究 [J]. 数量经济技术经济研究，2021，38（8）：164—181.

[109] 屈超，张美慧．国际 ICT 卫星账户的构建及对中国的启示 [J]. 统计研究，2015，32（7）：74—80.

[110] 罗良清，平卫英，张雨露．基于融合视角的中国数字经济卫星账户编制研究 [J]. 统计研究，2021，38（1）：27—37.

[111] 徐清源，单志广，马潮江．国内外数字经济测度指标体系研究综述 [J]. 调研世界，2018（11）：52—58.

[112] Aryanto V, Chrismastuti A A. Model for Digital Economy in Indonesia [J]. International Journal of Innovation in the Digital Economy, 2011, 2（2）：39 -55.

[113] 陈文，吴赢．数字经济发展、数字鸿沟与城乡居民收入差距[J]. 南方经济，2021（11）：1—17.

[114] 沈运红，黄桁．数字经济水平对制造业产业结构优化升级的影响研究——基于浙江省 2008—2017 年面板数据 [J]. 科技管理研究，2020，40（3）：147—154.

[115] 巫瑞，李飚，原上伟．数字经济对区域经济高质量发展的影响研究 [J]. 工业技术经济，2022，41（1）：29—36.

[116] 沈栋芳．数字经济对经济高质量发展的影响研究 [D]. 杭州电子科技大学，2022.

[117] Gary Madden, Scott J Savage. CEE Telecommunications Investment and Economic Growth [J]. Information Economics and Policy, 1998, 10（2）：173 -195.

[118] Oliner S, Daniel E. The Resurgence of Growth in the Late 1990s:

Is Information Technology the Story [J]. The Journal of Economic Perspectives, 2000 (4): 27 - 28.

[119] DATTA A, AQGARWAL S. Telecommunications and economic growth: a panel data approach [J]. Applied Economics, 2004, 36 (15): 1649 - 1654.

[120] Jorgenson D, Vu K. Information technology and the world growth resurgence [J]. German Economic Review, 2007 (2): 125 - 145.

[121] THOMPSON H G, GARBACZ C. Mobile, fixed line and internet service effects on global productive efficiency [J]. Information economics and policy, 2007, 19 (2): 189 - 214.

[122] De Mel S, McKenzie D, Woodruff C. Returns to capital in microenterprises: evidence from a field experiment [J]. The quarterly journal of Economics, 2008, 123 (4): 1329 - 1372.

[123] Ahmad N, Schreyer P. Are GDP and Productivity Measures up to the Challenges of the Digital Economy [J]. International Productivity Monitor, 2016, 24 (30): 4 - 27.

[124] Knickrehm M. Berthon B, Daugherty P. Digital Disruption: The Growth Multiplier [M]. Dublin: Accenture, 2016: 34 - 36.

[125] SALAHUDDIN M, GOW J. The effects of internet usage, financial development and trade openness on economic growth in South Africa: a time series analysis [J]. Telematics and informatics, 2016, 33 (4): 1141 - 1154.

[126] Dahlman C, Mealy S, Wermelinger M. Harnessing the Digital Economy for Developing Countrys [R]. OECD Development Centre Working Papers, 2016 (12): 11 - 15.

[127] I KAI, KIM DAN J, LANG KARL R, et al. How should We Understand the Digital Economy in Asia? Critical Assessment and Research Agenda [EB/OL]. (2020 - 09 - 09) [2021 - 02 - 01]. https: //doi. org/10. 1016/j. elerap. 2020. 101004.

[128] Dewan S, Kraemer K L. Information Technology and Productivity:

Evidence from Country - Level Data [J]. Management Science, 2000, 46 (4): 548 - 562.

[129] Niebel T. ICT and Economic Growth - Comparing Developing, Emerging and Developed Countries [J]. World Development, 2018, 104: 197 - 211.

[130] 刘达禹，徐斌，刘金全. 数字经济发展与区域经济增长——增长门槛还是增长瓶颈？[J]. 西安交通大学学报（社会科学版），2021，41 (6): 16—25.

[131] 姚志毅，张扬. 数字经济与区域经济联动性的动态分析 [J]. 经济经纬，2021，38 (1): 27—36.

[132] 范合君，吴婷. 数字化能否促进经济增长与高质量发展——来自中国省级面板数据的经验证据 [J]. 管理学刊，2021，34 (3): 36—53.

[133] 方福前，田鸽. 数字经济促进了包容性增长吗——基于“宽带中国”的准自然实验 [J]. 学术界，2021 (10): 55—74.

[134] 毛丰付，张帆. 中国地区数字经济的演变：1994—2018 [J]. 数量经济技术经济研究，2021，38 (7): 3—25.

[135] 黄志，程翔，邓翔. 数字经济如何影响我国消费型经济增长水平 [J]. 山西财经大学学报，2022，44 (4): 69—83.

[136] 宋旭光，何佳佳，左马华青. 数字产业化赋能实体经济发展：机制与路径 [J]. 改革，2022 (6): 76—90.

[137] 鲁玉秀，方行明，张安全. 数字经济、空间溢出与城市经济高质量发展 [J]. 经济经纬，2021，38 (6): 21—31.

[138] 张腾，蒋伏心，韦朕韬. 数字经济能否成为促进我国经济高质量发展的新动能？[J]. 经济问题探索，2021 (1): 25—39.

[139] 邓荣荣，张翱祥，陈鸣. 数字经济发展与经济增长质量耦合度的时空演变及驱动因素——数值测算与实证分析 [J]. 南京财经大学学报，2021 (5): 33—43.

[140] 扈奔奔，张英明. 数字经济发展与区域经济增长的关联机制研

究——基于31省市2015—2021年面板数据［J］．经济研究导刊，2022（15）：51—53.

［141］张红霞．生产网络视角下中国数字经济规模及其结构——基于时序投入产出表的实证研究［J］．中国人民大学学报，2022，36（3）：76—91.

［142］蔡跃洲，牛新星．中国数字经济增加值规模测算及结构分析［J］．中国社会科学，2021（11）：4—30＋204.

［143］陈梦根，张鑫．中国数字经济规模测度与生产率分析［J］．数量经济技术经济研究，2022，39（1）：3—27.

［144］田金方，李慧萍，张伟，薛瑞．中国数字经济产业的关联拉动效应研究［J］．统计与信息论坛，2022，37（5）：12—25.

［145］唐要家．数字经济赋能高质量增长的机理与政府政策重点［J］．社会科学战线，2020（10）：61—67.

［146］左鹏飞，陈静．高质量发展视角下的数字经济与经济增长［J］．财经问题研究，2021（9）：19—27.

［147］李娟，刘爱峰．数字经济驱动中国经济高质量发展的逻辑机理与实现路径［J］．新疆社会科学，2022（3）：47—56.

［148］白永秀，宋丽婷．数字经济对经济活动影响的政治经济学分析［J］．兰州大学学报（社会科学版），2021，49（4）：78—85.

［149］陈明明，张文铖．数字经济对经济增长的作用机制研究［J］．社会科学，2021（1）：44—53.

［150］佟家栋，张千．数字经济内涵及其对未来经济发展的超常贡献［J］．南开学报（哲学社会科学版），2022（3）：19—33.

［151］杨虎涛．数字经济的增长效能与中国经济高质量发展研究［J］．中国特色社会主义研究，2020（3）：21—32.

［152］张可云，杨丹辉，赵红军，陈晓东，汤正仁．数字经济是推动区域经济发展的新动力［J］．区域经济评论，2022（3）：8—19.

［153］李震．数字经济赋能新发展格局：理论基础、挑战和应对［J］．社会科学，2022（3）：43—53.

[154] 曾艺，韩峰，刘俊峰. 生产性服务业集聚提升城市经济增长质量了吗? [J]. 数量经济技术经济研究，2019 (5)：83—100.

[155] Chenery H B，Robinson S，Syrquin M，et al. Industrialization and growth [M]. New York：Oxford University Press，1986.

[156] 刘伟，张辉，黄泽华. 中国产业结构高度与工业化进程和地区差异的考察 [J]. 经济学动态，2008 (11)：4—8.

[157] 靖学青. 产业结构高级化与经济增长——对长三角地区的实证分析 [J]. 南通大学学报 (社会科学版)，2005 (3)：51—55.

[158] 潘文卿，陈水源. 产业结构高度化与合理化水平的定量测算——兼评甘肃产业结构优化程度 [J]. 开发研究，1994 (1)：42—44.

[159] 伦蕊. 产业结构合理化的基本内涵与水平测评 [J]. 特区经济，2005 (6)：54—56.

[160] 干春晖，郑若谷，余典范. 中国产业结构变迁对经济增长和波动的影响 [J]. 经济研究，2011，46 (5)：4—16+31.

[161] Theiland H. 1967，Economics and Information Theory [M]，Amsterdam：North Holland Publishing Company.

[162] 徐仙英，张雪玲. 中国产业结构优化升级评价指标体系构建及测度 [J]. 生产力研究，2016 (8)：47—51.

[163] Mason G. Information Technology and Transformation in the Grain Industry：The Impact of Logistical and Market Intelligence on Industrial Structure [J]. 2021.

[164] 罗浚文，李荣福，卢波. 数字经济、农业数字要素与赋能产值——基于GAPP和SFA的实证分析 [J]. 农村经济，2020 (6)：16—23.

[165] 殷浩栋，霍鹏，汪三贵. 农业农村数字化转型：现实表征、影响机理与推进策略 [J]. 改革，2020 (12)：48—56.

[166] 吴友群，毛莉，廖信林. 数字经济对农业高质量发展的影响 [J]. 河北农业大学学报 (社会科学版)，2022，24 (1)：18—27.

[167] 陈毅辉，洪碧云. 数字经济对农业高质量发展的影响研究 [J]. 技术经济与管理研究，2022 (2)：105—109.

[168] Wu P. Evaluation of financial and tax institution on the transformation & upgrading of manufacturing industry：Based on the investigation of Chinese private enterprises [J]. Academic Journal of Business & Management, 2020, 2 (1) .

[169] 李春发，李冬冬，周驰. 数字经济驱动制造业转型升级的作用机理——基于产业链视角的分析 [J]. 商业研究，2020 (2)：73—82.

[170] 王姝楠. 数字经济背景下中国制造业转型升级研究 [D]. 中共中央党校，2020.

[171] 李娜. 刍议推动数字经济与实体经济深度融合 [J]. 河北企业，2021 (1)：53—54.

[172] 汤世易，陈雪阳. 新冠肺炎疫情前后数字经济对实体经济影响的实证研究 [J]. 经济研究参考，2021 (3)：58—71.

[173] 陈晓峰. 数字经济发展对我国制造业升级的影响——基于省际面板数据的经验考察 [J]. 南通大学学报（社会科学版），2022，38 (3)：128—140.

[174] Zimmermann H D, Koerner V. Emerging Industrial Structures in the Digital Economy - the Case of the Financial Industry [J]. AMCIS 1999 Proceedings, 1999: 39.

[175] 陈志林. 数字经济对服务业高质量发展的影响研究 [J]. 统计科学与实践，2021 (1)：20—23.

[176] 姚惠娴. 数字经济对我国服务业的影响探究 [J]. 商讯，2022 (10)：159—162.

[177] 尚宏达. 数字经济赋能生产性服务业与制造业之融合——以黑龙江省为例 [J]. 北方经贸，2022 (6)：56—58.

[178] Jaakkola H, Tenhunen H, Latvala A. Information technology and changes in industry [J]. European Journal of Information Systems, 1991, 1 (1): 3-11.

[179] O'Mahony M, Vecchi M. Quantifying the impact of ICT capital on output growth：a heterogeneous dynamic panel approach [J]. Economica,

2005, 72 (288): 615 -633.

[180] Kutin A, Dolgov V, Sedykh M. Information links between product life cycles and production system management in designing of digital manufacturing [J]. Procedia Cirp, 2016, 41: 423 -426.

[181] 胡艳，王艺源，唐睿．数字经济对产业结构升级的影响 [J]. 统计与决策，2021，37 (17)：15—19.

[182] 李英杰，韩平．数字经济发展对我国产业结构优化升级的影响——基于省级面板数据的实证分析 [J]. 商业经济研究，2021 (6)：183—188.

[183] 陈兵，裴馨．数字经济发展影响产业结构升级的作用机制研究——基于区域异质性视角的分析 [J]. 价格理论与实践，2021 (4)：141—144 +171.

[184] 王玉．中国数字经济对产业结构升级影响研究——基于空间计量模型 [J]. 技术经济与管理研究，2021 (8)：14—18.

[185] 姚维瀚，姚战琪．数字经济、研发投入强度对产业结构升级的影响 [J]. 西安交通大学学报 (社会科学版)，2021，41 (5)：11—21.

[186] 陈晓东，杨晓霞．数字经济发展对产业结构升级的影响——基于灰关联熵与耗散结构理论的研究 [J]. 改革，2021 (3)：26—39.

[187] 戴丽娜，袁世洁．数字经济对河南省产业结构影响研究——基于面板分位数回归模型 [J]. 洛阳理工学院学报 (社会科学版)，2022，37 (1)：40—46.

[188] 秦建群，赵晶晶，王薇．数字经济对产业结构升级影响的中介效应与经验证据 [J]. 统计与决策，2022，38 (11)：99—103.

[189] Chung Y H H, Fare R, Grosskopf S. Productivity and undesirable outputs: A directional distance function approach [J]. Microeconomics, 1997, 51 (3): 229 -240.

[190] 李华，董艳玲．中国经济高质量发展水平及差异探源——基于包容性绿色全要素生产率视角的考察 [J]. 财经研究，2021，47 (8)：4—18.

［191］武义青，张旭．我国省域经济绿色发展评价——基于绿色全要素生产率的视角［J］．河北经贸大学学报，2022，43（1）：67—81.

［192］陈亚男．绿色全要素生产率测度及其调节机制研究［J］．河北企业，2016（12）：7—11.

［193］刘津．数字化水平、资源依赖对绿色全要素生产率影响的实证研究［J］．中国经贸导刊（中），2020（2）：121—123.

［194］欧阳婉桦．中国省份工业绿色全要素生产率测度及影响因素分析［D］．重庆工商大学，2015.

［195］汪超，刘宝．安徽省城市绿色全要素生产率测度及相关影响因素实证分析［J］．安徽商贸职业技术学院学报（社会科学版），2021，20（4）：17—22.

［196］张旭．我国省域经济绿色发展评价——基于绿色全要素生产率的视角［J］．河北经贸大学学报，2022，43（1）：67—81.

［197］黄月，洪功翔．高质量发展下绿色全要素生产率测算及“结构红利”再检验——以长江经济带108个地级市为例［J］．长春理工大学学报（社会科学版）2020，33（3）：99—105 +114.

［198］单金玉．数字经济、产业结构优化与绿色全要素生产率［J］．佳木斯大学社会科学学报，2022，40（2）：51—52 +56.

［199］范欣，尹秋舒．数字金融提升了绿色全要素生产率吗？［J］．山西大学学报（哲学社会科版），2021，44（4）：109—119.

［200］Basu，S.，& Fernald，J. Information and Communications Technology as a General - purpose Technology：Evidence From US Industry Data［J］. German Economic Review，2007，8（2）：146 - 173.

［201］Jorgenson，D. W.，Ho，M. S.，Samuels，J. D.，et al. Industry Origins of the American Productivity Resurgence［J］. Economic Systems Research，2007，19（3）.

［202］郭慧芳，王宏鸣．数字化转型与服务业全要素生产率［J］．现代经济探讨，2022（6）：92—102 +113.

［203］张凌洁，马立平．数字经济、产业结构升级与全要素生产率［J］.

统计与决策，2022，38（3）：5—10.

［204］余文涛，吴士炜．互联网平台经济与正在缓解的市场扭曲［J］．财贸经济，2020（5）．

［205］田杰，谭秋云，陈一明．数字普惠金融、要素扭曲与绿色全要素生产率［J］．西部论坛，2021，31（4）：82—96.

［206］周晓辉，刘莹莹，彭留英．数字经济发展与绿色全要素生产率提高［J］．上海经济研究，2021（12）：51—63.

［207］谢贤君，王晓芳，雷明．金融结构－创新水平匹配、资源配置效率与绿色全要素生产率［J］．财经论丛，2020（7）：43—52.

［208］刘赢时，田银华，罗迎．产业结构升级、能源效率与绿色全要素生产率［J］．财经理论与实践，2018，39（1）：118—126.

［209］周勇，王怀英．数字经济对工业绿色全要素生产率的影响——基于区域基础吸收能力的调节作用［J］．科技与经济，2021，34（4）：81—85.

［210］惠宁，杨昕．数字经济驱动与中国制造业高质量发展［J］．陕西师范大学学报（哲学社会科学版），2022，51（1）：133—147.

［211］肖远飞，姜瑶．数字经济对地区绿色全要素生产率的影响［J］．科技和产业，2021，21（12）：21—25.

［212］乌静，肖鸿波，陈兵．数字经济对绿色全要素生产率的影响研究［J］．金融与经济，2022（1）：55—63.

［213］刘杨，杨建梁，梁媛．中国城市群绿色发展效率评价及均衡特征［J］．经济地理，2019，39（2）：110—117.

［214］Young A. Gold into base metals：Productivity growth in the People's Republic of China during the reform period［J］．Nber Working Papers，2000，111（6）：1220－1261.

［215］单豪杰．中国资本存量 K 的再估算：1952—2006 年［J］．数量经济技术经济研究，2008，25（10）：17—31.